高校生のための心理学講座

―こころの不思議を解き明かそう

監修 日本心理学会　編者 内田伸子・板倉昭二

SHINRIGAKU SOSHO

日本心理学会

心理学叢書

誠信書房

心理学叢書刊行にあたって

日本心理学会では，2011年の公益社団法人化を契機として，公開シンポジウムの実施を拡充してまいりました。2015年度には，次の三つのシリーズを企画し，全国各地で総計28回のシンポジウムを開催するに至っています。

・教育や医療，司法等の現場における心理学の貢献を紹介する「社会のための心理学シリーズ」
・心理学の科学としての側面を中心に紹介する「科学としての心理学シリーズ」
・高校生や教員の方を対象として，様々な分野の心理学を紹介する「高校生のための心理学シリーズ」

いずれのシンポジウムも大変なご好評を頂いており，参加できなかった方々からも，講演の内容を知ることができないか，といったご要望を数多く頂戴しています。そうした声にお応えして，2014年から心理学叢書を上梓することとなりました。本叢書は，シンポジウムでお話しした内容をさらに充実させ，わかりやすくご紹介することを目的として，刊行されるものです。

編者や執筆者の方々はもちろんのこと，シンポジウムの企画・運営にお骨折り頂いた教育研究委員会，とりわけ，講演・出版等企画小委員会の皆様に厚く感謝申し上げます。

2016年1月吉日

公益社団法人日本心理学会
理事長　長谷川壽一

編者はじめに

公益社団法人日本心理学会では全国各地で高校生のための心理学講座を開催しています。心理学は高校段階までに学ぶ機会がありません。「心理学」は人の心がわかる学問なのだと連想する人が多いのではないか、いわゆる「臨床心理学」を連想する人が多いのではないかと思います。そこで、高校生に心理学の姿を知ってもらうために、①心理学は実証科学である、②証拠（エビデンスと呼びます）に基づき論証を進める学問である、③心理学にもいろいろな分野がある、④実証科学としての心理学の面白さを伝える、⑤進路相談も組み込む、という方針が決まりました。そして全国各地の心理学教員のみなさまに登壇していただき、講座を開催して参りました。

２０１２年度（初年度）は北海道、東北、関東（Ⅰ・Ⅱ）、中部、関西、中国・四国、九州・沖縄の計８ヶ所で開催しました。「90分授業・6講座等を2日間」――というとても充実した企画でのスタートでした。その後、90分授業を連続2日間はすこし欲張りすぎたと反省し、２０１３年度は北海道、東北、関東（Ⅰ・Ⅱ・Ⅲ）、中部（Ⅰ・Ⅱ）、関西、中国・四国、九州・沖縄（Ⅰ・Ⅱ・Ⅲ）の計12ヶ所で、50分授業・5講座・1日開催で実施したところ参加者が増えました。そこで２０１４年度は、北海道、東北、関東（Ⅰ・Ⅱ・Ⅲ）、中部（Ⅰ・Ⅱ）、関西（Ⅰ・Ⅱ）、中国・四国（Ⅰ・Ⅱ）、九州・沖縄（Ⅰ・Ⅱ・Ⅲ）の合計14ヶ所で「45～50分授業・5～6講座・1日」の構成で開催しています。

たとえば、関東Ⅰ地区（法政大学、２０１４年8月10日）の高校生講座では、①「心理学研究法」池田まさみ（十文字学園女子大学教授）、②「社会心理学」森津太子（放送大学教授）、③「認知心理学」越智啓太（法政大学教授）、④「発達心理学」内田伸子（十文字学園女子大学特任教授）、⑤「臨床心理学」伊藤美奈子（奈良女子大学教授）、⑥「教育心理学」市川伸一（東京大学教授）の6講義、最後に質疑応答と討論セッションからなる講座が展開されました。

この講座に参加した高校生の感想をいくつかご紹介しましょう。

「初めて本格的な心理学の講座を聞くことができて、とてもよい経験になりました。自分は心理学を学びたいと思っていたのですが、詳しい分野についてよくわかっていませんでした。今日の講座を聞いて、特に興味のある分野が見つかりました。自分のやりたいことを大学できちんと学べるように、受験勉強を頑張りたいです。ありがとうございました」（県立川越女子高等学校2年生）

「今まで分野によってどんなことを研究するのかわからなかったのですが、今回の講座を受けて、それぞれのおもしろいところ、興味がわくところを見つけることができました。心理学の、他人の思考を理解することだけでなく、自分自身を理解することにつながるところが面白い点だと思いました。ありがとうございました」（豊島女子学園高等学校2年生）

「どの講義も具体的な問題などが多く、わかりやすく、とても楽しかったです。心理学について、あまりくわしくなく興味があるだけでしたが、この講座を受講して、心理学の専攻のある大学について調べて進学したくなりました。ありがとうございました」（市立金沢高等学校1年生）

本書『高校生のための心理学講座――こころの不思議を解き明かそう』は高校生講座を誌上で再現するという目的で編まれたもので、2部から構成されています。

第Ⅰ部は、関西Ⅰ地区（京都大学、２０１４年12月13日）の高校生講座を誌上再現したもので、①「比較認知発達科学」明和政子（京都大学教授）、②「発達科学」板倉昭二（京都大学教授）、③「発達心理学」内田伸子（十文字学園女子大学特任教授）、④「認知心理学」楠見孝（京都大学教授）、⑤「感情心理学」吉川左紀子（京都大学教授）の5講義から構成されています。第Ⅱ部は、高校生たちによる心理学研究のレポートを掲載しています。日本発達心理学会第25回大会で行われた企画を引き継いだもので、専門家（本書では京都大学の博士課程在籍中の大学院生）からの指導や援助、アドバイスさえあれば、高校生でも日頃抱いていた素朴な疑問――「こころの不思議」を解き明かせるのだと証明してくれるレポートにしあげていただきました。素朴な疑問を研究テーマまで収斂・具体化させ、解を求めて探究を進めることの楽しさ、そして、探究の歓びが伝わってくると思います。

心理学の共同研究に取り組んだ高校生のなかから、心理学は面白いと実感し、大学では心理学を専攻しようと受験勉強に励み、めでたく京都大学教育学部に合格した人もいたとの嬉しいご報告を受けることができました。本書は、その人の「心理学論文」を掲載した記念すべき本になりました。近い将来、心理学ワールドで活躍してくれることでしょう。頼もしい若手が心理学ワールドに加わってくれたのは、企画者の一人として、とても嬉しいことです。

では、２０１４年12月13日に京都大学で開催された「高校生のための心理学講座」を誌上に再現いたしましょう。どうぞ、心の謎を解く心理学の旅をお楽しみくださいませ。

本書を読み、心理学に興味をもたれた読者のみなさまには、各地で開催される高校生講座や公開シンポジウムにお越しいただき、第一線で活躍中の心理学者による熱のこもった講義を受講して欲しく思います。また、できれば会場で心の謎に迫る熱い討論に参加されるようお勧めします。これらの公開講座に参加されることによって、心の謎を解明する実証科学としての心理学の面白さを味わっていただきたいと願っております。

２０１５年６月

編者　内田伸子・板倉昭二

目　次：高校生のための心理学講座――こころの不思議を解き明かそう

第2章 発達科学——人を思いやる心 19

第3章 発達心理学――子どものウソは「嘘」か 36

第4章　認知心理学——よりよい意思決定をするには　57

第5章 感情心理学――人と人が出会うとき 77

第Ⅱ部 高校生が心理学する

第6章 心はいつ芽生えるのか 100

第Ⅰ部

高校生に心理学を教える

第1章 比較認知発達科学
——人間らしい心ってなんだろう

1 はじめに——心について考える研究者が目指すもの

現在、次世代を育てる営みにかんする問題の深刻さは、悪化の一途をたどっています。子どもへの心身の虐待、育児放棄（ネグレクト）、養育者のうつ、過度なストレス等を扱ったメディア報道を目にしない日はないほどです。

私は、人間の心のはたらきが生まれ、育っていく道すじを明らかにしたいと考えている研究者です。こうした問題を科学的にとらえ、その改善方法を具体的に提案したい。そのためには、生物としての「ヒト」の心の本質を正しく知ることがきわめて重要だと考えています。ヒトらしい心のはたらきとはどのようなものか。それは、ヒトの生存、進化の過程でいつ、どのように獲得されたのか。また、ヒトの一生において、ヒトらしい心はどのように芽生えてくるのか。そうした点をきちんとふまえたうえで、ヒトらしい心を適切に育むための

必要条件を再考したいと考えているのです。

この章では、人間の心の起源についてとりあげます。とくに、人間の心のはたらきについて、「発達」と「進化」という二つの視点を融合することによって見えてくる事実を紹介したいと思います。

2 「比較認知発達科学」という学問

進化の過程でそれぞれの種（species）が独自に分化、選択してきたものは、身体の構造や形態的特徴にとどまりません。目では確認しにくい心のはたらきも、それが今あるかたちとして進化してきた背景、適応的な意味がある、つまり、進化的淘汰の産物であると考えることができます[15]。

ヒトの心のはたらきの進化をたどるには、４００～３５０万年前に出現したとされるアウストラロピテクス（*Australopithecus*）や、１８０万年前に生きていたホモ・エレクトゥス（*Homo erectus*）など、私たちヒト（*Homo sapiens*）の直接の祖先（ヒト科）がどのような心をもっていたかを明らかにすることが必須です。しかし、化石や道具のような遺物として残らない心の進化の道すじを、どうやって検証することができるのでしょうか。

ひとつの有効な研究方法、それは、「比較認知科学」とよばれるアプローチです。かんたんにいうと、現在地球上に生息する動物種の認知機能や行動を比較する方法です[12][21][22]。たとえば、私はおもにヒトとチンパンジーの比較から、ヒトの心のはたらきの生物学的基盤を明らかにしようとしています。チンパンジー（*Pan troglodytes*）は、今この地球上に生きている種のなかで、ヒトにもっとも近い動物です。遺伝子研究によって、現在のヒトの祖先がチンパンジー属の祖先と分岐したのは、およそ７００万前であることが示唆されています（**図1-1**）。ヒトとチンパンジーの認知機能を比較し、共通して見られた特性は、両種が共通の祖先として生きてきた時代に獲得された部分、また、ヒトあるいはチンパンジーだけに見られた部分は、互いの祖先が分岐した後に独自

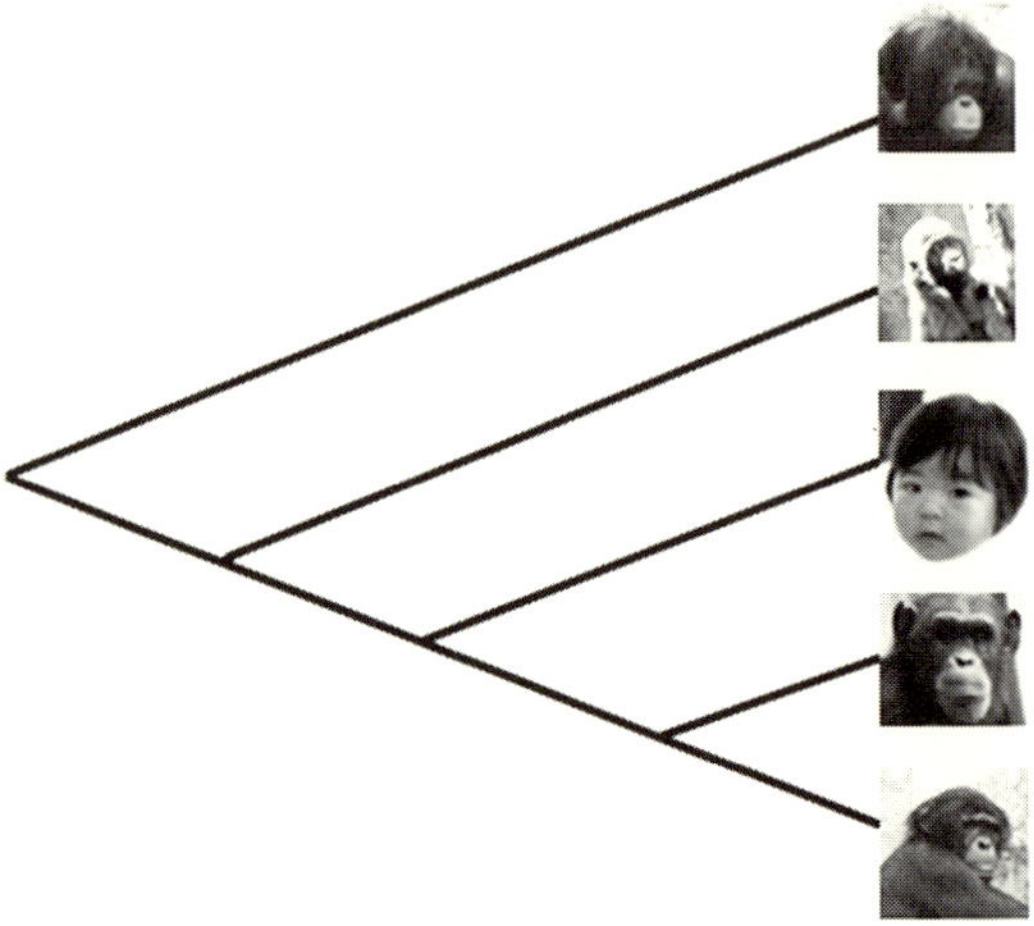

図1-1　ヒトと大型類人猿の系統関係[28]

に獲得した可能性が高いと推測できるのです。

ここで、忘れてはならない重要な点があります。それは、「発達」という個体内レベルでの時間変化です。一般にヒト以外の霊長類の心は、ヒトの心をただ単純化したものと受けとめられがちです。「チンパンジーの知能は、ヒトの△歳くらい」といった表現をよく耳にします。しかし、チンパンジーの成体とヒトの子どもを横に並べるだけの比較は妥当でしょうか。当然、答えはＮＯです。ヒトもチンパンジーも、受精から死を迎えるまで、生涯にわたり心のはたらきを変化させていきます。とくに、霊長類は他のほ乳類に比べて、子ども期が相対的に長いという事実にも目を向けねばなりません[14,27,36]。未成熟な期間が長ければ長いほど食物や危険の回避などを親に依存せねばならず、生存において不利となるのですが、他方、環境の変化に応じて心のはたらきを可塑的に変化させることができます[14]。それぞれの環境に適応することを可能にする心のはたらき、そしてそれを可能にする認知、神経系メカニズムを解明するには、その個体が育つ環境特性とセットで考えることが不可欠なのです。

それぞれの種の心のはたらきを、単に比較してみるだけでは不十分であることに納得いただけたかと思います。進化と発達、二つの物差しを使って多面的に心の謎に迫るアプローチ、それが「比較認知発達科学」とよばれる学問です。[27][28]

比較認知発達科学は若い学問分野ですが、従来のヒトの心の発達観に一石を投じるという役割をすでに果たしています。言語をはじめとするヒトの高度な知性は、ヒトを他の動物と明確に二分するもの、ヒトは生まれたときから特別な存在である、そう考える心理学者が大半でした。ヒトは特別であるという見方は、１９６０年代後半から飛躍的に進んだ新生児研究、新生児のもつ驚異的な認知能力の発見によっていっそう強まりました。しかし、最近の比較認知発達科学の成果は、ヒトの知性の起源について真に正しい理解を示したのです。

これまでの成果をふまえ、ここではヒトらしい心の成立においてきわめて重要と思われる2点を中心にとりあげます。それは、「サル真似」、そして、サル真似を超えて起こる「(自分とは異なる) 他人の心的状態の理解」です。

3　模倣――ヒトの知性と文化を支える鍵

サル真似は、ヒト特有の心のはたらきの鍵となる認知機能であることが最近わかってきました。そう聞いて、意外に思われる方も少なくないでしょう。サル真似という表現には、一般にあまりよくない印象がつきまといます。独創性や創造性に欠けていて頭を使わなくてもできる、といったイメージですね。

しかし、実際には、サル真似はそう簡単ではありません。目の前にいる人の体の動きは、川の流れのように、時間の経過とともにどんどん変化します。にもかかわらず、私たちは、変化し続ける他人の体の動きから、真似するのに必要な情報だけを瞬時に選び取らねばなりません。さらに、頭の中でそれらの情報を組み立て、最終的には、自分の体をどう動かすべきかを計算、制御してそれを再現しています。サル真似は、きわめて高度な難しい情報処理によって支えられているのです。

こうした複雑な能力を、なぜヒトは進化の過程で獲得してきたのでしょうか。その理由として、次の2点が考えられています。ひとつは、道具の使い方や作り方など、生後に身につける必要のある知識や技術の学習に模倣が有効であった点です。自分の力だけで試行錯誤しながら学ぶより、他人の行動を観察してサル真似するほうが断然効率よく、知識や技術を自分のものにできます。私たちの身の周りには、携帯電話やパソコンなど、複雑な操作を必要とする道具があふれていますが、説明書を読むなどして自力で学ぼうとする人はまずいないでしょう。多かれ少なかれ、私たちは他人の行為を観察し、見よう見まねで習得します。

さらに、模倣学習は効率がよいだけでなく、これまで蓄積してきた知識や技術を「そっくりそのまま」、忠実に次世代に伝えることを可能にします。次世代は知識や技術をいちから発明、開発する必要がないのです。こうした、世代を超えた知識や技術の伝達は、「文化（Culture）」と呼ばれます。模倣は、世代から世代へと知識や技術を効率よく、かつ正確に伝達することを可能にした、ヒトの文化を成立させた鍵でもあるのです。

もうひとつの模倣の役割は、他人の心を深く理解することです。他人とうまくやっていくことは、生存上の最重要課題といっても過言ではないでしょう。他人とうまくやるには、他人の心は自分の心とつねに同じとは限らないことを理解すること、他人の意図、心の状態を敏感に察知することが必須です。模倣は、それらを可能にする重要な役割を担っていると考えられます。たとえば、皆さんの目の前にいる人が、レモンをかじっているとしましょう。思わず、唾液があふれ出てきますね。しかし、レモンをかじった経験のない人はそうはならないのです。ヒトは、他人と同じ身体経験を共有することで、自分自身の心を、他人の心に無意識に重ね合わせるようになります。ヒトは、生まれて1年もたたないうちから、母親をはじめとする他人の行動を積極的に真似します。模倣遊びを通じて、他人の心を敏感に察する力を身につけていくのです（図1-2）。

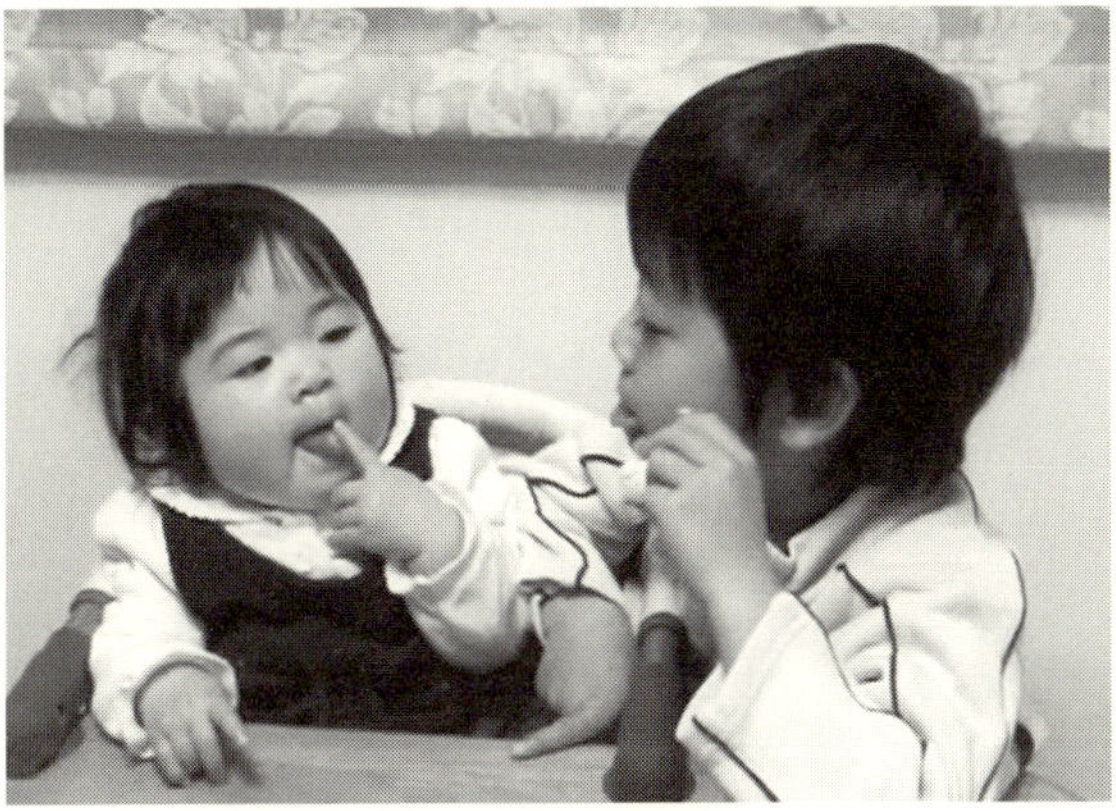

図1-2　ヒトは生後1年を迎える前，言語を獲得する前から模倣する

4 生まれたときから模倣する？

模倣はヒトをヒトたらしめる重要な能力のひとつであることの証拠として、ヒトは生まれながらに模倣する力をもつ、と主張する研究者がいます。メルツォフとムーアは、生まれて数時間の新生児でも大人のいくつかの表情（舌を突き出す、口を開閉する）や手指を開閉させる行為を区別し、模倣することを始めて実験によって明らかにしました。[24,25] この現象は、「新生児模倣（neonatal／early imitation）」と呼ばれています。

しかし、新生児模倣は、必ずしも再現性が確認されているわけではありません。現在にいたるまで数多くの研究者が追試をおこなっていますが、模倣反応が明確に確認できたという報告は多くありません。[20,23,34] また、新生児模倣を縦断的に調べた研究では、模倣反応が生後2ヶ月ごろに消失あるいは減少することが報告されています。[1,10] 身体模倣は、生後1年目ごろから頻繁に見られるようになるのは先述の通りですが、新生児模倣が生後2ヶ月ごろに消えるとしたら、なぜその後再び模倣が現れるようになるのか。新生児模倣は、なぜいったん消える必要があるのか。こうした点は十分説明することができません。さらに、舌を突き出すという一種類の表情でしか新生児模倣は確認できないとする報告もあり[3]、新生児模倣は後の模倣と連続したものではなく、反射や「生得的解発機構 (innate releasing mechanism)」、あるいは刺激によって覚醒レベルが高まったときに出現しやすい反応として解釈するのが妥当と考える研究者も多くいます[18][19]。

新生児模倣は模倣の発達的起源なのでしょうか。この議論は現在も続いており、いまだ明確な結論はでていません。

5 胎児に心はあるのか

ポルトマンによる有名な「生理的早産説」にあるように、ヒトは、他の動物に比べて身体的に未熟な状態で生まれてきます。しかし、その見た目とは対照的に、新生児はかなり精緻な知覚・認知能力を見せることが発見されています。新生児模倣はその代表例です。そのほかにも、ヒトらしい顔[17]、自分を見つめる顔[5]、生物らしい動き[35]などに新生児は選択的に注意を向けます。計測技術の進歩を追い風として、新生児の驚くべき能力は現在も次々と発見されています。

メルツォフらに限らず、多くの発達心理学者たちは、新生児がみせるこうした驚くべき能力を「生まれつき」「生得的」という表現を使って説明してきました。しかし、私はそうした見方は違うと思っています。誕生の前後は、生理学的な点ではたしかに個体の身体に大きな変化が起こる時期ではあります。しかし、胎児期から新生児期にかけての知覚、認知機能の発達をその前後で区切る必然性はないように思えます。ヒトは胎児の時期から心をはたらかせている、外界で生きるための心身の準備をしながら誕生してくる、そうした可能性はないのでしょうか。

私は10年ぐらい前から、空間３次元に時間軸を加えた４次元超音波画像診断装置、４Ｄエコーを使ってヒト

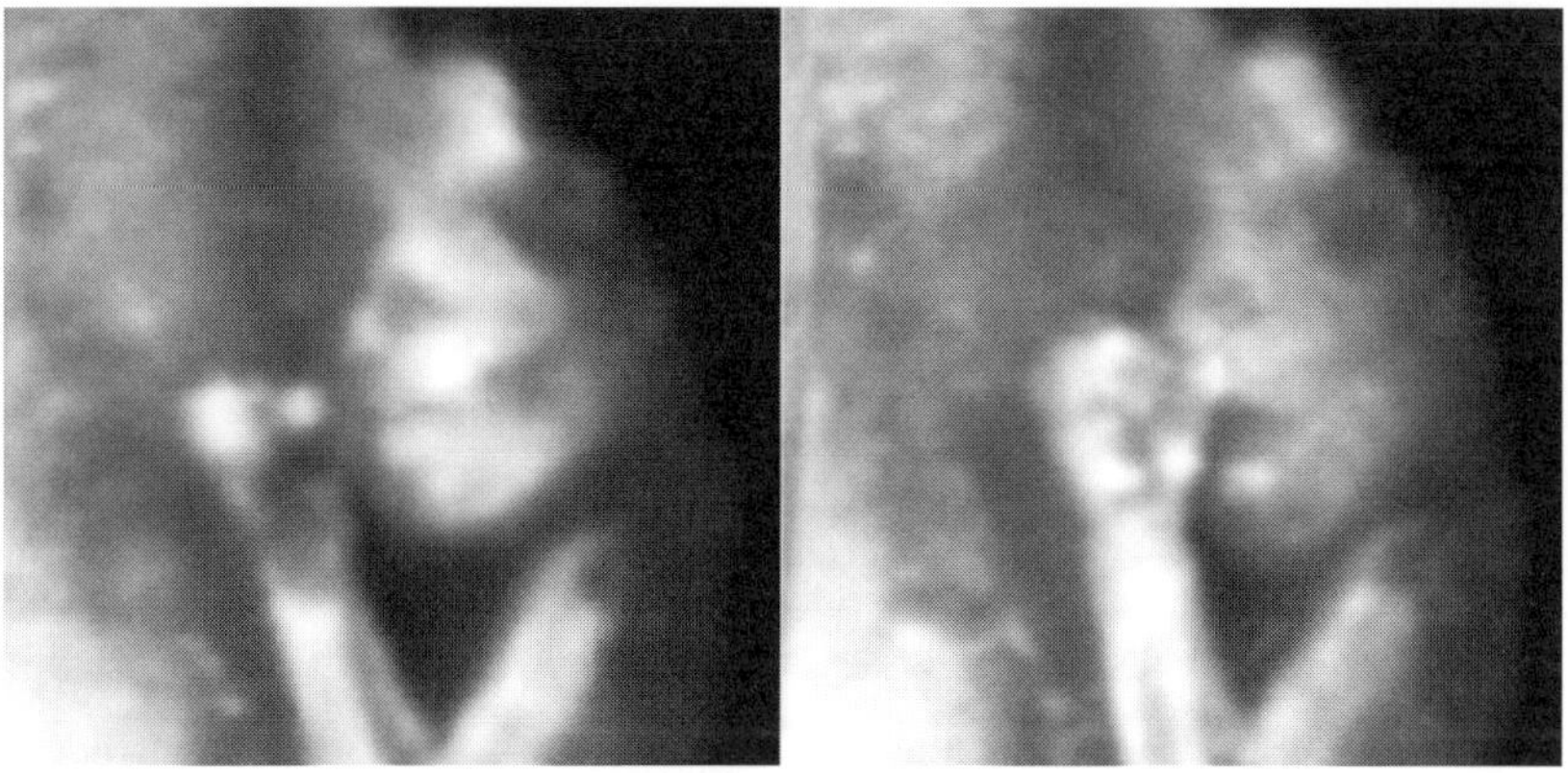

図 1-3　胎児（妊娠 25 週）の「予期的口開け」[32]

胎児の行動研究もおこなってきました。実際に胎児のふるまいを詳しく観察してみると、予想どおり、胎児は子宮内ですでに学習を始めていることがわかってきました。その一例を紹介しましょう。胎児期の「自己受容感覚」の発達です。自己受容感覚とは、自分の筋肉や骨をどう動かせばどのように動くのか、という知識体系のことです。生まれたばかりの新生児を丹念に観察してみると、自己の身体感覚をもっているかのようなふるまいが見られます。大半の動きは、身体を制御できずでたらめにもがいているように見えますが、時折、自分の手を口唇部に滑らかに運び、時には手指を握りこぶし状にして口唇部に運びます。自分の手をどう動かせば口唇部にたどり着くかがわかっているかのような無駄のない動きです。バターワースらは、生まれて数時間の新生児の手の運動軌跡を分析しました。その結果、新生児は、口唇部までの最短ルートをたどって手を動かしていること、さらに、手が口唇部に触れる直前、手の到着を予期するかのように口を開ける（予期的口開け）ことがわかったのです[8]。

自己受容感覚を基盤とする身体感覚は、すでに誕生時には形成されているのではないか。こうした仮説にもとづき、私たちは、妊娠19～35週のヒト胎児の行動を４Ｄエコーで記録し、手と口唇部の動きを詳細に分析しました。その結果、胎児は新生児と同様、自分の手が口唇部に接触する少し前から、それまで閉じていた口を大きく開け始めていました[32]（図1－3）。さらに、いったん指吸いが始まると、胎児は手指が口から離れても何度かこれを繰り返しました。ある胎児は、指吸いを連続6回もおこないました。もし、偶然手指が口の中に入っただけであれば、何度も指吸いが繰り返されるはずはありません。

ヒトの胎児は、私たち大人がもつ心のはたらきのレベルには遠く及びませんが、すでに心をはたらかせている存在であるといってよいように思えます。

6　ヒト特有の模倣とは

話を新生児模倣に戻しましょう。新生児模倣は、ヒト特有の知性の証拠ではないことを、最近の認知発達科学は解き明かしてきました。新生児模倣は、ヒトでのみ見られるわけではなく、ヒトを含む霊長類に共通して見られる能力だったのです。

私たちは、メルツォフらによる実験とほぼ同じ方法で、チンパンジーの新生児を対象に表情模倣の実験をおこないました。チンパンジーの正面で、実験者がゆっくりと舌を突き出したり、口を開閉させたりしてみせました。その結果、実験を開始した時点（生後1週）ですでにチンパンジーも舌突き出しと口開閉の2種類の表情を区別し、模倣したのです[33]（図1－4）。その後、イタリアの研究チームは生後3日未満のアカゲザル（*Macaca mulatta*）を対象に新生児模倣の実験をおこないましたが、約半数の個体がいくつかの表情を模倣したと報告しています[9]。

さらに、興味深い事実も明らかとなりました。チンパンジーやサルで確認された新生児模倣も、ヒトでの報告と同様、生後しばらくすると消えてしまったのです。チンパンジーの新生児模倣は生後9週過ぎから、サル

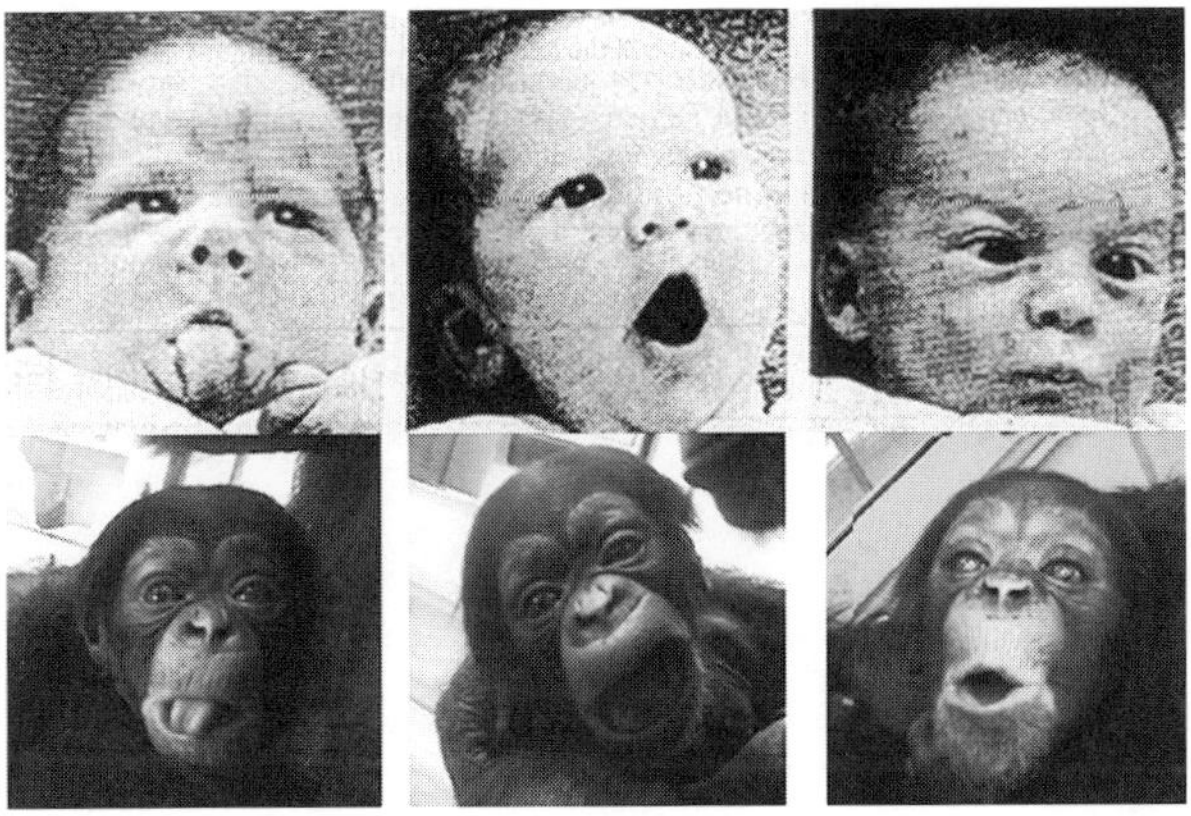

図 1-4　ヒト（上）とチンパンジー（下）の新生児による表情模倣[33]

では生後７日目には見られなくなりました。[9][33] 種の生活年齢を考慮すると、チンパンジーやサルの新生児模倣が消失した時期は、ヒトの新生児模倣が消えるといわれる時期、生後２ヶ月過ぎとほぼ一致します。

では、新生児模倣が消えた後、サルやチンパンジーは、ヒトのようにふたたび模倣するようになるのでしょうか。

7　サル真似しないサル、サル真似するヒト

結論から先にいいます。サル真似を巧みにおこなうのは、私たちヒトだけです。この10年余りの研究で、私たちは、サル真似が得意な動物はヒトだけであることを明らかにしてきました。[26][29][30] サルは、真似しません。チンパンジーでさえ、他人の行為を真似することは苦手です。「サル真似」という表現は、じつは間違っていたのです。

今から15年前、まだ私が大学院の学生だったころにおこなった研究を紹介します。私は、恩師である京都大学霊長類研究所の松沢哲郎先生と、大人のチンパンジーの模倣がどのような点でヒトより制限されているかを行動実験により明らかにしようとしまし[29]

た。ヒトが行為主（モデル）となり、物の機能に関係しない無意味な行為をチンパンジーと対面して見せました。チンパンジーにとってどのような行為を模倣するのが難しいかを明らかにするため、呈示する行為に含まれる要素のうち、「操作する物の数や定位方向（ひとつの物を・ひとつの物を－自分の身体へ・ひとつの物を－別の物へ）」と「運動パターン（馴染みあるパターン［叩く・押す・つつくなど］・馴染みのないパターン［なでる・転がすなど］）」を変数として、計48種類の行為を見せました。

まず明らかとなったのは、チンパンジーは行為主の行為を観察しただけでは、再現（模倣）することはほとんどなかった点です。ただし、まったく再現できないわけではありません。「ひとつの物を－別の物へ」と操作する行為については、行為主がチンパンジーの手をとって教えれば、比較的早くに再現できました。それに対し、「ひとつの物を」操作する行為、また「ひとつの物を－自分の身体へ」向ける行為は、再現が困難でした。チンパンジーにとっては、他動詞的（transitive）行為のほうが自動詞的（intransitive）行為よりも再現が容易であること、身体運動だけからなる（物の操作を含まない）行為、たとえばパントマイムなどは、チンパンジーにとって再現がきわめて困難であることがわかりました。

こうした結果について、私たちは次のような仮説をもちました。チンパンジーは、他人の行為の見方、目のつけどころがヒトとは違うのではないか。チンパンジーは、観察した行為に含まれる情報のうち、物には注意を向けるけれども、物を操作している行為主の身体の動きにはヒトほど注意を向けていないのではないか。

そこで、次のような実験をおこないました。アイトラッカー（自動視線追跡装置）とよばれる機材があります。これは、モニターの下部から発せられる赤外線を、モニターに映し出される視覚映像（動画・静止画）を見ている者の眼（角膜）に投射し、その反射データから映像のどこをどのように見ているのかを自動的に記録できる機材です。「じっとしててね」とことばで教示できない乳児やヒト以外の動物にはきわめて有効な実験手法です。身体拘束することなく、ただビデオを見てもらえばいいので、心身にストレスをかけることなく眼球運動

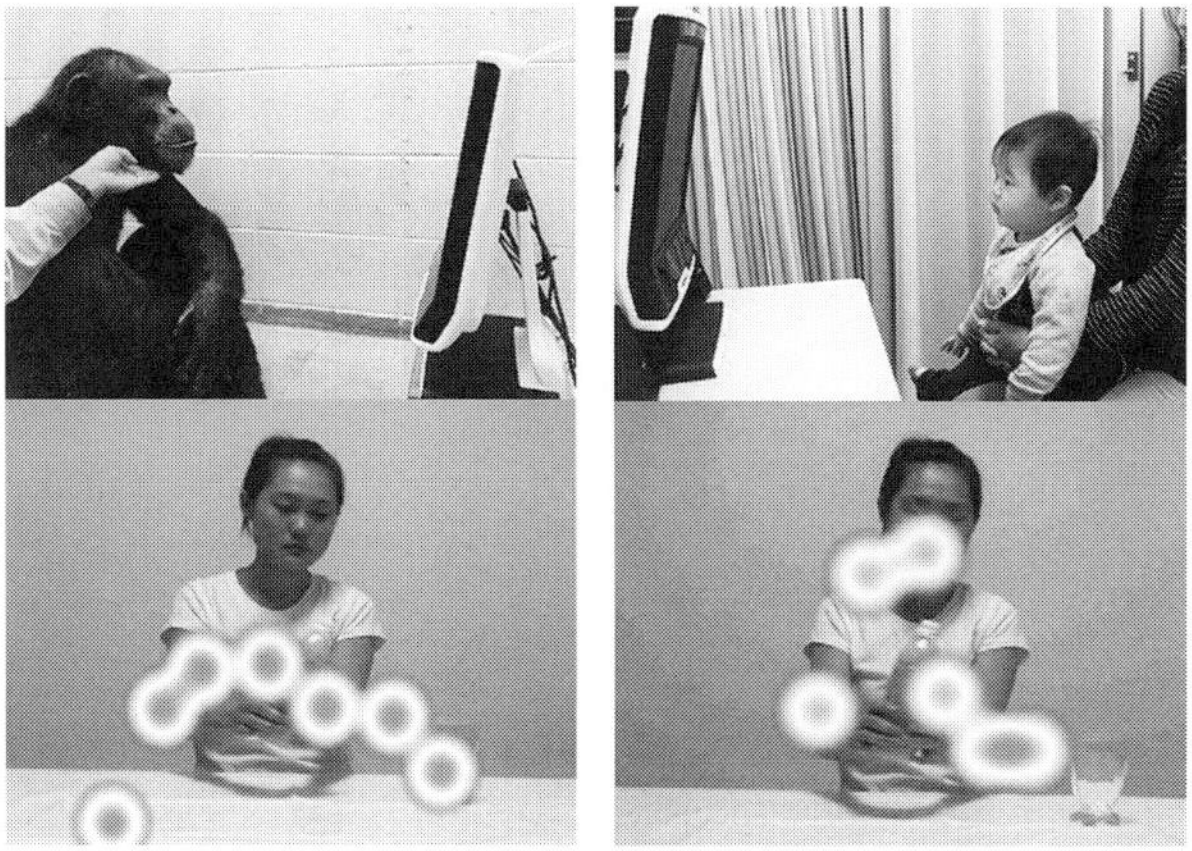

図1–5　チンパンジーと人の赤ちゃんの視線の違い(31)

チンパンジーは行為主の顔や身体の動きにほとんど注意を向けない。ヒトは行為主の身体の動きと操作されている物の両方に注意を向ける。

軌跡を記録できます。

たとえば、他人が目的指向的行為をおこなっている動画（ボトルのジュースをコップに注ぐ等）を、ヒトの赤ちゃんと大人、チンパンジーの大人に見せ、彼らの目のつけどころを比較しました。ヒトは、まず顔を見て、操作されている物を見て、行為主の顔を振り返り、また物を見て顔を見ます。操作されている物と操作している人の顔との間を、視線を頻繁に往復させます。他方、チンパンジーの視線の動きを分析すると、予想どおり行為主の顔や身体運動にはほとんど注意を向けておらず、操作されている物への注意配分が圧倒的に多いことが示されました（**図1–5**）。「行為主が異種であるヒトだから顔に注意を向けなかっただけなのではないか」「食べ物に注意を向けただけなのではないか」とコメントする研究者もいましたが、チンパンジーを行為主とした映像を使っても、食べ物に関係しない行為を見せても同じ結果が出ているため、そうした反論は否定されます(31)。

結論として、ヒトとチンパンジーは、他人の行為への目のつけどころが顕著に異なることが明らかとなりました。私は、こうした違いがヒトとチンパンジーの模倣能力の違いに反映されていると考えています。視覚イメージとしてとらえた他人の身体運動と自分の身体運動イメージとを適切に対応づける能力は、チンパンジーにとってかなり難しい。他の個体の身体の動きまでをも忠実に再現するレベルの身体模倣は、ヒトの祖先がチンパンジーの祖先と分岐した後、独自に獲得した能力である可能性がみえてきたのです。

8　サル真似を超えて――他人の心を推論する

ここまで、サル真似は、ヒトが進化の過程で特異的に獲得してきた能力であることを説明してきました。ところが、ヒトはサル真似を超え、さらにその先のステージへといたります。「サル真似しなくなる」のです。そっくりそのまま模倣する時期を超え、今度はサル真似を抑制するようになります。行為の背後にある行為主の心を推測したうえで、自分の反応を柔軟に変化させる、つまり、文脈に応じて他人の行為を理解し、振る舞うようになるのです。

その一例として、ゲルゲリーたちによる有名な研究を紹介しましょう[13]。2人の行為主がブランケットを羽織っています。一方の行為主は手もブランケットで覆っていますが、もうひとりの行為主は手をブランケットから出しています。行為主はこの状態で、タッチライトを額で押して点灯させるという変わった行為を生後14ヶ月の乳児に見せます。1週間後、今度は乳児に同じライトを渡しました。ヒトがサル真似する動物であれば、乳児も額でライトを点けるはずです。ところが、ブランケットで手を覆った行為主の行為を見た乳児のうち、額で点灯させたのはわずか21％でした。他方、手が使えた行為主の行為を見た乳児の70％近くは、行為主と同じように額でライトを点灯させました（図1－6）。

これらの結果について、ゲルゲリーたちは次のように解釈しました。「行為主は手が使えるのにわざわざ額

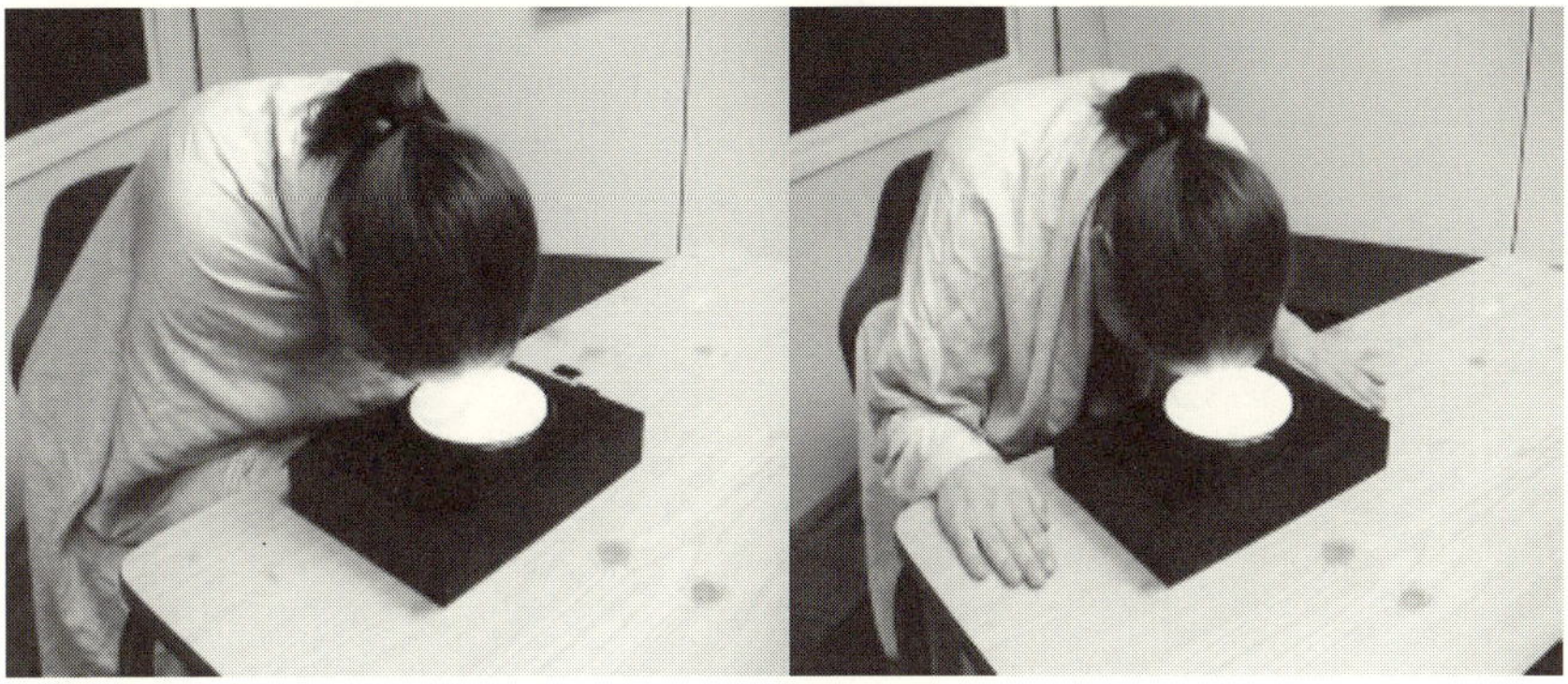

図 1-6　乳児はサル真似をするか[13]

行為主が額を使ってライトを点灯させる。手が使えない状態（左）と手が使える状態（右）。手が使えない状態でライトを点灯させた行為主のふるまいを見た乳児は，額ではなく手でライトを点灯させた。

でライトを点けたのだから、行為の目的はこの点にある。だから私も額で点ける（サル真似）」「行為主は手が使えなかったのでやむなく額で点けただけ。だから私は手で点ける（サル真似の抑制）」。乳児は文脈に応じて行為の目的を推測したというのです。このあたりが本当かどうかは議論の余地がありますが、文脈や経験によって、乳児はたしかに行為の理解の仕方を変えるのです。ヒトは言語を獲得する前、生後２年を迎える前から、より高度に心をはたらかせるステージへと飛躍を遂げるのです。

　模倣を抑制する機能の神経系メカニズムが、成人を対象とした脳イメージングからしだいに明らかとなってきました。自動的、反射的な模倣は「ミラーニューロンシステム」、観察した行為とそれと同じ行為を自分が実行する際に活動する神経系システムの関与を基盤としていると考えられます。しかし、模倣が自動的に実行されるばかりでは、他人とのコミュニケーションは円滑に進みません。自分と他人の心のはたらきを分離させ、他人の心の状態を推論する、文脈に応じて柔軟に行為選択することが必要です。

　後者では、ミラーニューロンシステムがトップダウン的に抑制される脳活動が起こります。こうした抑制性の脳活動

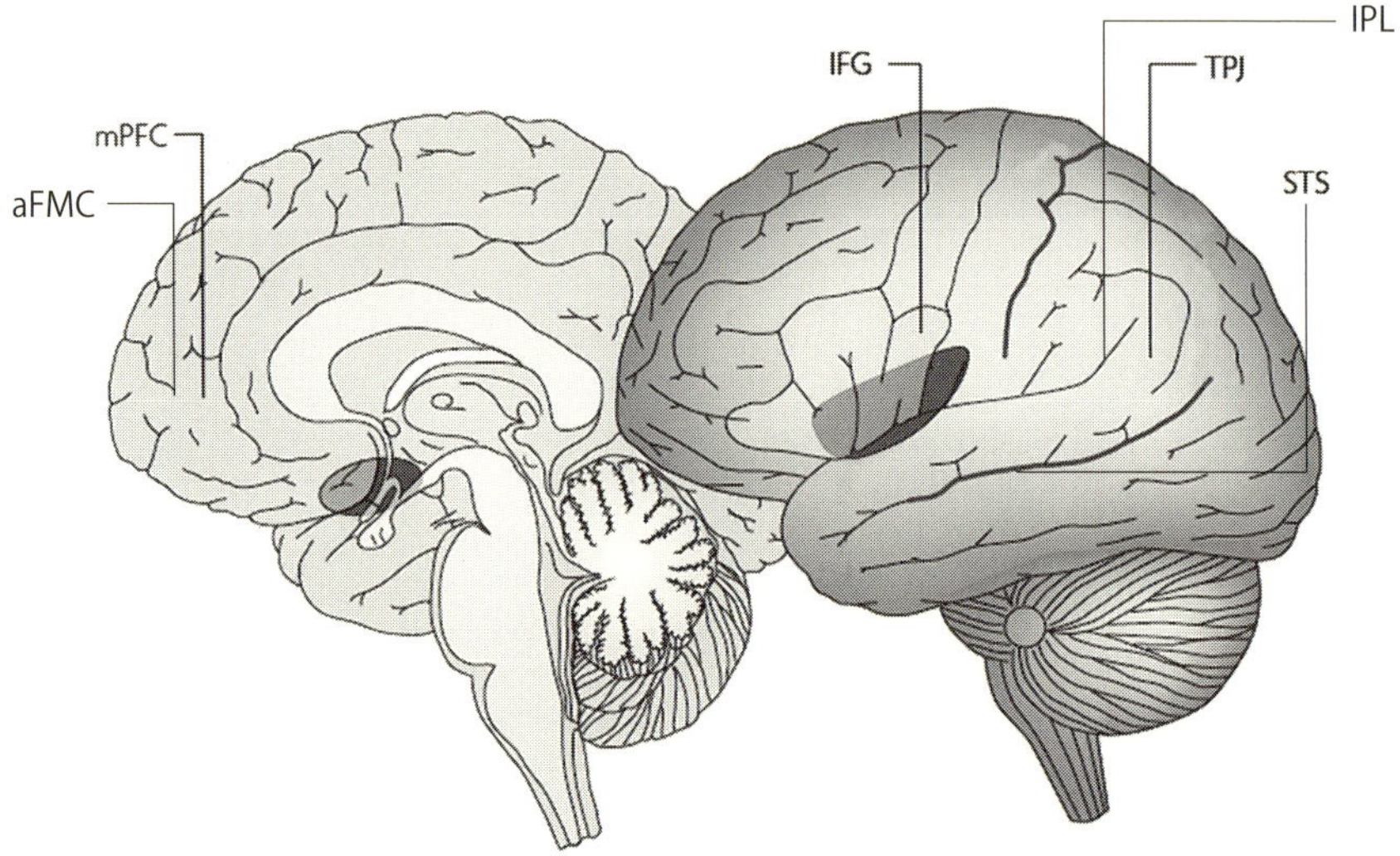

図 1-7　ミラーニューロンシステムおよびメンタライジングに関する神経回路〈(4)(6) を改変〉

aFMC＝前頭前野内側部，mPFC＝前頭前野内側部 , STS＝上側頭溝，IFG＝下前頭回，IPL＝下頭頂小葉，TPJ＝側頭頭頂接合部

は、他人の心的状態を自分のそれと区別し推論、解釈する「メンタライジング（mentalizing）」とよばれる認知機能と密接に関連すると考えられています。ブラスらは、成人が模倣を抑制する（他人が手を上げると自分は手を下げる等）場合、前部前頭前野内側部（ａＦＭＣ）と側頭頭頂接合部（ＴＰＪ）が賦活することを明らかにしました。[7] また、メンタライジングがはたらいているときには、前頭前野内側部（ｍＰＦＣ）や上側頭溝（ＳＴＳ）、下頭頂小葉（ＩＰＬ）、側頭頭頂接合部（ＴＰＪ）とよばれる部位が関与することが示されています。[2][6][11] このうちｍＰＦＣは、適切な行為選択のための行為の条件や状況の推測に関与します。[2] ＴＰＪは視点変換（視点取得）に関わる領域で、左ＴＰＪが自己視点、右ＴＰＪが他人視点でのイメージ生成に関与します。[16] 重要なことは、模倣を抑制するときの神経回路は、メンタライジングに関わる回路と大きく重なっている点です。ｍＰＦＣは、ミラーニューロンシステムとして知られる下前頭回（ＩＦＧ）やＳＴＳをトップダウンに賦活させます（**図1-7**）。

他人の行為を模倣する時期を超え、メンタライジングをはたらかせながら模倣を抑制するにいたる激変期、乳幼児期の認知、神経系メカニズムを解き明かすこと、それを可能にする新たな方法提案が今後の重要課題となっています。

9　ヒトらしく生きるための学問を目指して

メンタライジングという心のはたらきを獲得し、文脈に応じて他人の心の状態を推測することのできるヒトは、種独自の行動特性をみせはじめます。そのひとつが利他行動のひとつである「教育（active teaching）」です。

子どもに教育的配慮、援助行動をおこなうのはヒトだけではありません。野生のチータや飼い猫などの母親は、子どもに餌をやるだけでなく、子どもの餌捕獲の上達にあわせて獲物を適度に弱らせ、学習の機会を与えます。しかし、ヒト以外の動物の教育は食物を得る場面に限られており、さまざまな目的を想定しておこなわれるヒトの教育とはずいぶん違っています。さらに、ヒトは学習者の心の状態を考慮しつつ相手の立場になって適切な方法を選択、次世代を教育するのです。

さらに私が重要だと思うのは、こうしたヒトの教育の特徴は、言語を獲得する前からすでに見られ始めるという事実です。２歳前の乳児と大人がパズル箱で遊ぶ場面を設定します。ここで、大人に箱の穴にピースをはめられないふりをしてもらいます。そのとき、とても困った顔か笑顔のどちらかの表情をしながら演じてくださいとお願いします。すると乳児は、困った表情を浮かべた大人に対しては、身ぶりや指さしを使ってピースのはめ方を教えようとしました[37]。他方、楽しそうに試行錯誤している大人には、自らもわざと楽しそうに失敗してみせました。相手の失敗をあえて模倣したのです。ヒトは生後２年もたたないうちから、他人の心的状態に合わせ、援助行動、教育をおこなう存在であることがわかりました。ヒトは、教育、援助行動など種特有の向社会的行動を次世代の養育、他人との関係においておこないながら、また、親、他人からそれを受けながら生存してきた社会的動物なのです。

さらに、これらの研究は、私たちがヒトらしく生きるための重要なメッセージを伝えてくれます。ヒトらしい心は、ヒト特有の心のはたらきによって成り立つ種特有の環境でしか育まれることはない、という事実です。ヒトは他人からの積極的なかかわりによって、支えられ、生かされている動物であることを今ほど再認識すべき時代はないように思います。比較認知発達科学のアプローチは、「ヒトとは何か」「ヒトらしい心とは何か」という本質的な問いに対し、既存の先入観、価値観をいったん切り離して向き合うこと、そして、次世代にとって真に適切な環境とは何かを科学的に探究することを可能にしてくれます。(4) 私たちの社会が抱えるさまざまな問題、課題を客観的に分析、解決への道筋を模索するための視座を提供してくれる学問なのです。

第2章 発達科学——人を思いやる心

人は誰でも他者を思いやる心をもっています。たとえそれが自分の直接的な利益にならない場合であってもです。他者に利益をもたらすような行動を向社会行動といいます。近年、こうした向社会行動が、発達の早い時期から見られることがわかってきました。本章では、他者に対する社会的評価や、援助行動、同情・共感行動、公平感など、向社会的行動に関連する乳児の発達を論じます。

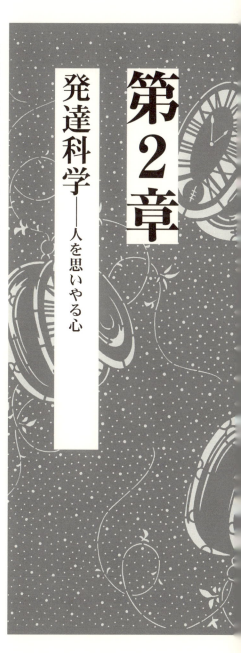

1 乳児による社会的評価

道徳的な行動は、学習や発達が大きく関与していると思われますが、ある側面では、生得的とでも言えるような、道徳性に関する感受性を乳児はもっていることが近年の研究で明らかにされてきました。発達初期の向社会行動は、道徳性の理解とそれを評価する能力がともなうと考えられます。たとえば、前言語期の乳児が、第三者間で起こる協力行動を理解していることが示されています。乳児は、1歳の誕生日を迎えるころまでには、エージェント（行為の主体者のことです）に共通の目標へ到達するためにいっしょに作業することや、[5] 目標に到達するために援助することは肯定されることであり、それを邪魔することは否定されることであること、[10] また援助されたり邪魔されたりしたエージェントがその後のそうしたエージェントに対する選好に影響を与えることを理解しています。[8]

さらに、乳児は、協力的なふるまいをするエージェントにはポジティブな評価をし、そうでないエージェントにはネガティブな評価をすることがわかっています。こうした研究を簡単に紹介しましょう。[2][3][4] 図2‐1を見てください。

乳児は、主人公がある目標に到達しようとしているが失敗する場面を見せられました。たとえば、ある場面では、木製の球体が坂道を上ろうしていますが、うまく上れません（図2‐1上段左）。また、別の場面では、人形が箱を開けようとしていますが、開けることができません（図2‐1上段右）。さらに別の場面では、人形がボールで遊ぼうとしていますが、ボールを落としてしまいます（図2‐1下段）。このような状況で、それぞれ別の物体や人形が主人公を助けたり邪魔したりする場面を見せられます。坂道を上る場面では、ある物体は主人公を助けて坂の上まで押してあげます。もう一つの物体は、主人公を坂道から突き落とします。箱を開ける場面では、別の人形は主人公の邪魔をし、また別の人形は主人公が箱を開けるのを助けてあげます。ボール遊びの場面では、ある人形は主人公が落としたボールを返してあげますが、別の人形は返してあげません。主人公に協力するエージェントを〝ヘルパー（援助する人 - helper）〟、主人公の邪魔をするエージェントを〝ヒンダラー（邪魔する人 - hinderer）〟と呼びます。このような場面を見せられた乳児が、ヘルパーを好むのかヒンダラーを好むのかが、リーチング課題（図2‐2）を用いて調べられました。図2‐2にその手続きの一例が示されています。

まず、実験者は対象となった乳児に挨拶をします。乳児は、実験者によって、ヘルパーの人形とヒンダラー

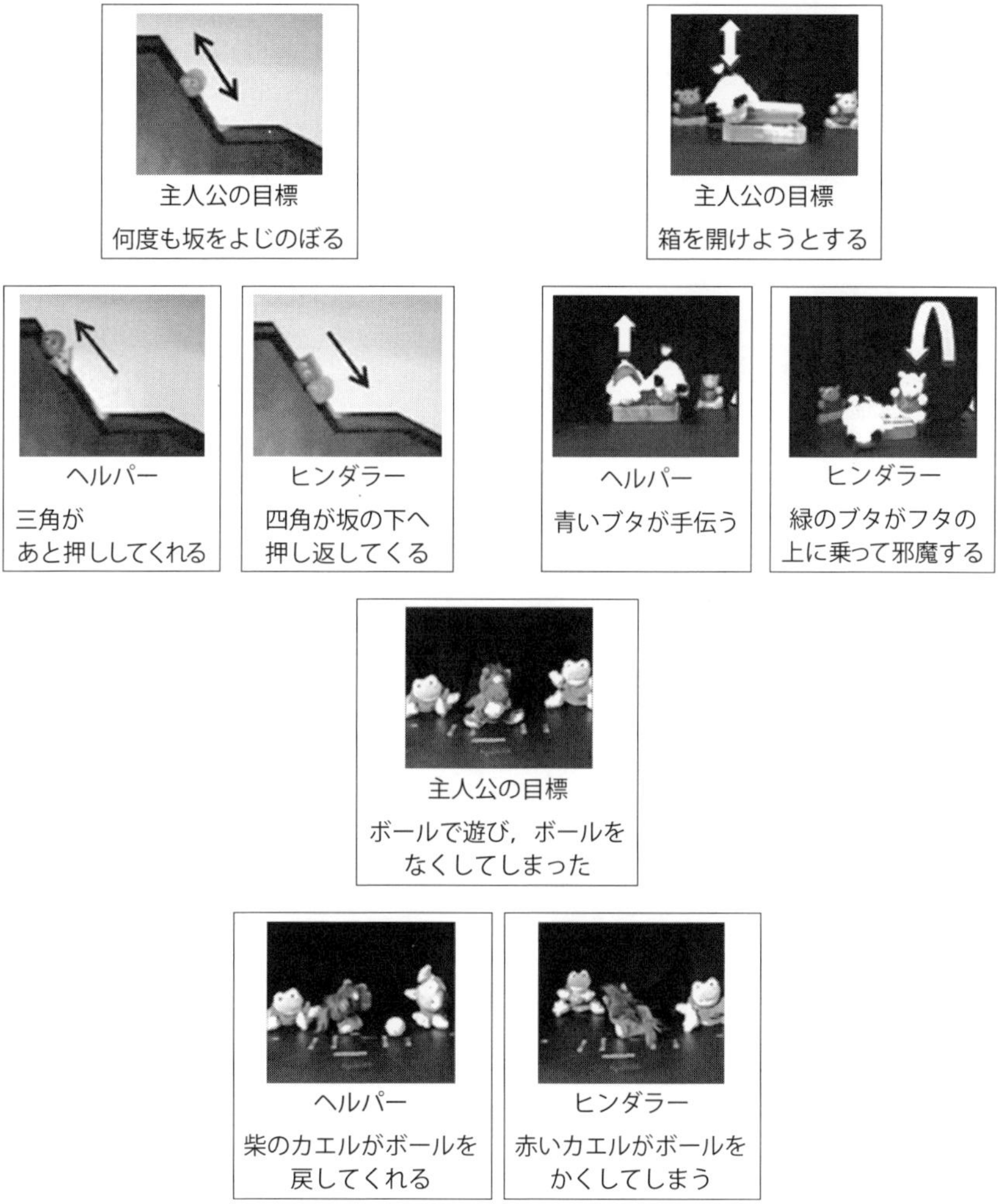
主人公の目標
何度も坂をよじのぼる
ヘルパー
三角が
あと押ししてくれる
ヒンダラー
四角が坂の下へ
押し返してくる
主人公の目標
箱を開けようとする
ヘルパー
青いブタが手伝う
ヒンダラー
緑のブタがフタの
上に乗って邪魔する
主人公の目標
ボールで遊び，ボールを
なくしてしまった
ヘルパー
紫のカエルがボールを
戻してくれる
ヒンダラー
赤いカエルがボールを
かくしてしまう

図 2-1　協力または妨害場面の例

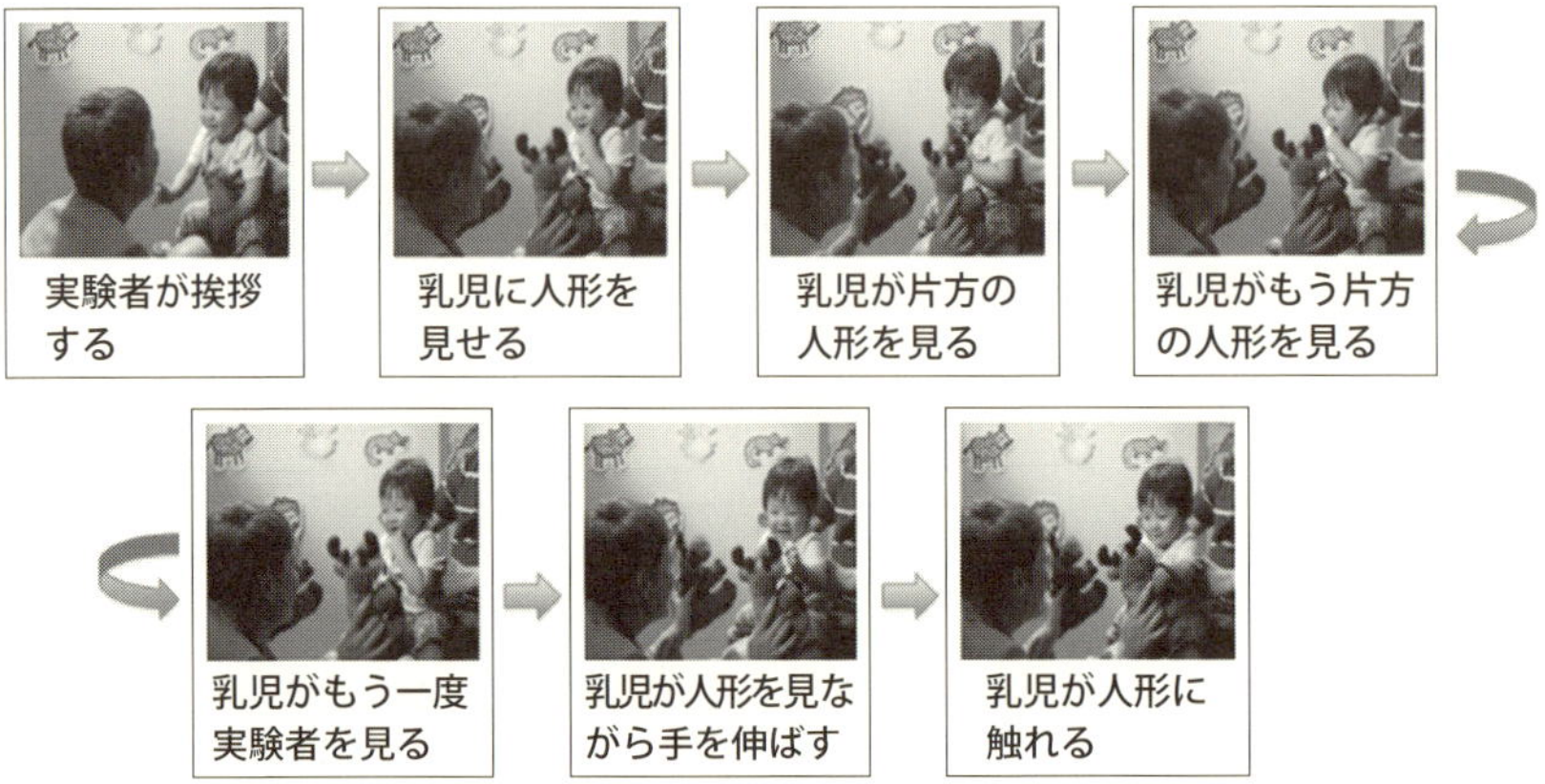

図 2-2　選好選択法

の人形が見せられます。乳児がちゃんと両方の人形を見た後、実験者は乳児とアイコンタクトを取って、二つの人形のうちどれか一つの選択を乳児に促します。乳児がどちらか一方の人形に触れれば選択の完了です。このような手続きの結果、それぞれの実験で、75％～100％の乳児が、ヒンダラーよりもヘルパーを好んだのです。

続く実験で、ハムリンらは、3ヶ月児を対象に同様のテストをおこないました。3ヶ月児はリーチングができないので、注視時間を指標としましたが、そうした社会的評価は、ヒンダラーを避けるという行動に現れました[2][4]。驚くことに、生後3ヶ月の乳児でも、エージェントのふるまいによって、社会的評価を下すのです。一連の研究から、生後6ヶ月までに、ヘルパーに対しては肯定的に、ヒンダラーに対しては否定的に評価するようになることがわかりました。

2　乳児における援助行動

協力行動は、人の生活において、中心的な側面と考えられています。他者のために何かするということは、社会の至る所で見られます。乳児の援助行動は、協力と利他性の発達初期の証拠として解釈されてきました。

乳児の援助行動に関する古典的な研究では、乳児は洗濯物をたたむといったような日常的な雑務を手伝う傾向があることを報告しており、また乳児は両親がそうした仕事を開始する前に、自発的にそれを始めたりすることが見出されています。このような、研究を精力的におこなっているのは、ワーネケンとトマセロの研究グループです[14][16][17]。14～18ヶ月児は、物を拾う、お皿を積み重ねる、ドアを開ける、といったような日常的な活動にもとづいた実験課題で、大人を助けることがわかってきました[14][15][17]。さらに興味深いことに、褒められたり、ご褒美をもらったり、ことばでの明示的な要求がなくても進んで援助行動を示すのです[13][17]。18ヶ月児での研究では、途中に障害物があっても援助をおこなうし、20ヶ月までには、気に入っているおもちゃで遊んでいてもそれを止めて援助行動を示すようになるのです[16]。

以下、トマセロらの研究をいくつか紹介してみましょう。まず、次のような実験をおこない、極めて早い時期から、見知らぬ他者に対しても援助行動を示すことを報告しました。実験では、乳児は、血縁関係のない成人が、解決できない問題に遭遇している場面を観察しました。たとえば、落ちた洗濯バサミを拾いたいが手が届かない、または、手がふさがっていて戸棚の扉を開けられない、といったような状況が設定されました。その結果、対象となった14～18ヶ月齢の乳児は、自発的に、落としたものを拾ってあげたり、戸棚の扉を開けてあげたりしたのです。あるテストでは、参加児の24人中22人が少なくとも、即座に1回の援助行動をおこなったということです[16]。

この実験の統制条件としては、洗濯バサミを偶発的に落とすのではなく、意図的に放り投げる、あるいは、手がふさがった状態で戸棚にぶつかるのではなく、何かほかのことをしようとして戸棚にぶつかる、という場面でした。こうした場合には、乳児の援助行動は見られませんでした。すなわち、乳児の援助行動は、彼らが単にそのような行動自体を好んでいたからではないということが示されたのです。援助を要するような場面は、多様であり、子どもにとって新奇であると思われる場面であっても、それに応じて子どもは柔軟な援助行動を見せました。このことが可能となるためには、他者の目標に気付くことが必要であり、さらに、その他者を援助しようとする動機づけをもっている必要があります。トマセロらは、こうした比較的単純な援助行動は、生まれながらに人に現れると考えているようです。その理由は、以下の五つです。

（1）生後14～18ヶ月という発達の早い時期この行動が出現することです。この時期は、向社会的にふるまうことを親は期待するはずもなく、またそうした訓練をおこなっているとも考えられません。

（2）親からの報酬や親が促すことにより、子どもの援助行動が増えるという事実は得られていないことです。トマセロらは、実験的検討のなかで、1歳児に援助行動をおこなうたびに報酬を与えましたが、それが援助行動の出現を促進するような効果は見られませんでした。むしろ、報酬によりその行動が減少したのです[15]。

（3）チンパンジーを対象とした研究で、チンパンジーも同じ行動をおこなうという結果が得られたことです[14]。これは、人の援助行動は、人的な文化的環境によって生み出されたものではないと考えられるのです。

（4）大人が子どもの成長にあまり介入しない文化において、同様に同じ年齢で援助行動をおこなうということがあります。

（5）幼い子どもによる援助行動には共感的な気遣いとも呼べるものが介在しているということです。ある大人が描いている絵を別の大人が奪って、意図的に破り捨てるという場面を見た子どもは、被害者の方に視線を移し、気遣いと思われるような表情を示しました。さらに、統制条件の大人に対してよりも、被害者の大人に対して、より多く援助行動を示したのです[12]。

以上、発達初期に見られること、促しや報酬は必要ではないこと、チンパンジーにも見られるような進化的起源をもっていそうなこと、文化を越えた頑健な現象であること、そして同情心を自然に抱いてしまうこと、の五つの理由から、トマセロらは、「子どもが示す発達初期の援助行動は、文化や社会化するように親が訓練することで生み出される行動ではない」と結論づけています。

このような乳児の行動は、利他的行動の自然なもしくは生物学的な発露と考えられています。人は大変早い時期から、自分に利益がなくても、他者の利益になるような行動を示すのです。子どもたちの援助行動は、両親からの特段の働きかけや要求がなくても生起します。したがって、この援助行動は、彼ら自身の内的な動機づけによるものであると考えられるのです。

3　乳児における共感・同情

共感は、共有された対人間の経験であり、社会的認知のさまざまな側面、特に向社会行動や道徳性、攻撃性の調整などに作用します。人が円滑な社会生活を営むためには大変重要な能力と考えられています。本節では、同情や共感行動に限定した場合の個体発生的起源について、鹿子木らのオリジナルの研究を紹介しつつ論じることにします．鹿子木らは、幾何学図形のアニメーション刺激を10ヶ月児に見せ、同情的萌芽がすでに認められる可能性を示しました[7]。

実験は二つからなっていました．実験1では、10ヶ月児を対象に、二つの物体が相互作用するアニメーション刺激を呈示しました．刺激は、球体と立方体が、コンピュータのスクリーン上を動き回るアニメーションでしたが、それらが攻撃的相互作用するもの（**図2-3a**）と相互作用なしのもの（**図2-3b**）の、二つが用意されました。

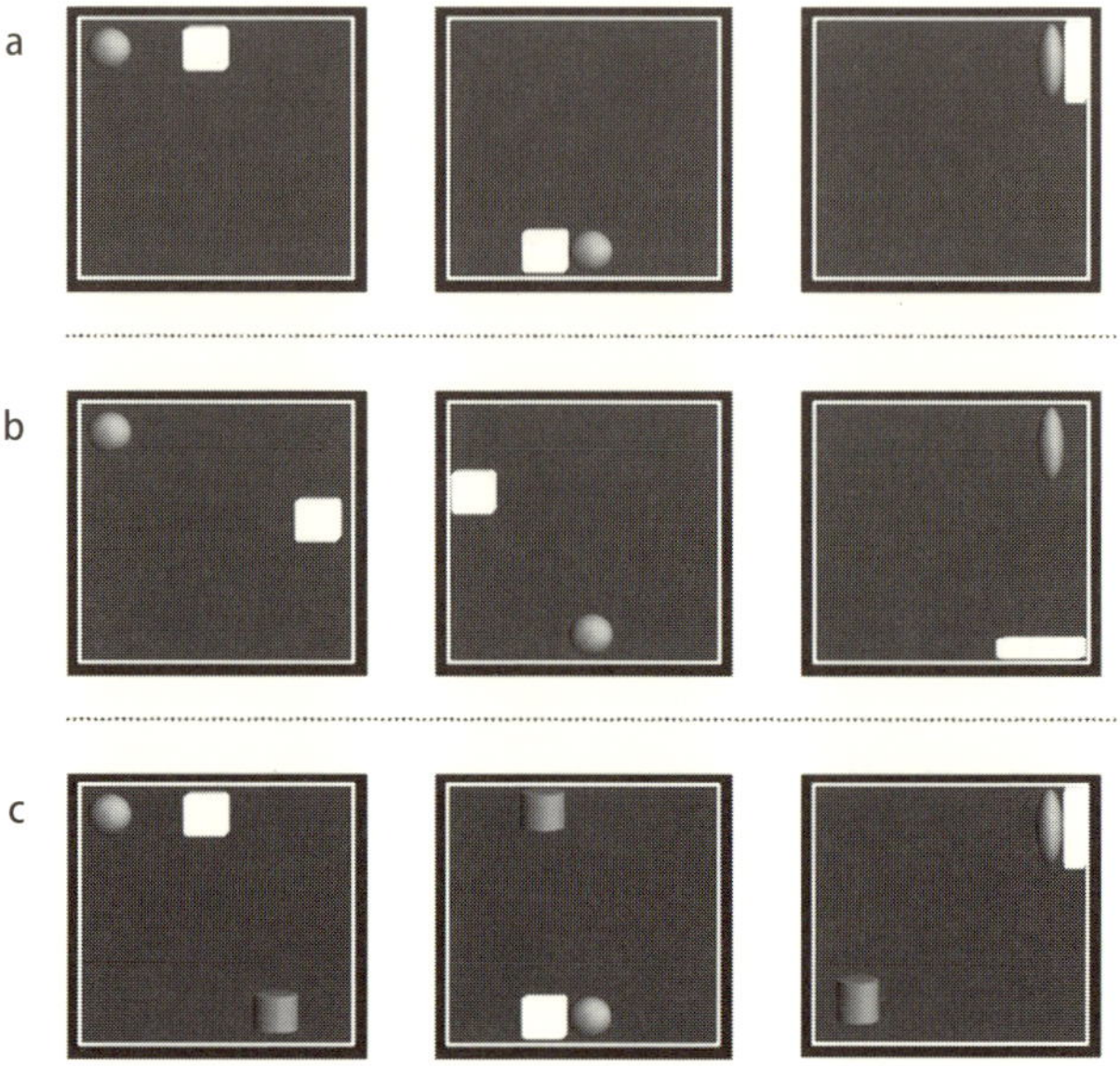

図 2-3　刺激図

攻撃的相互作用の条件では、たとえば、球体が立方体を追跡し、衝突する映像が呈示されました。また、相互作用なしの条件では、二つの図形が接触なしに、独立に動いて見える映像を呈示し、これを統制条件の刺激としました。二つの図形の役割は参加者間でカウンターバランスされました。その後、テストでは、アニメーションの幾何学図形に対応した二つの実物模型が呈示され、参加児はどちらかを選択することが求められました。

結果を図2-4に示しました。

攻撃的相互作用条件の参加児は、有意に被攻撃側の物体を選択しましたが、相互作用なし条件の参加児は、その限りではありませんでした。この結果は、10ヶ月児が、先行呈示された刺激における二つの物体の相互作用にもとづいて、それぞれに異なる印象を形成し、被攻撃側の物体を選好したことを示すものであると考えられます。刺激の運動の速度、運動量、変化量は二つの条件とそれぞれの物体で一定に統制されていたことから、こ

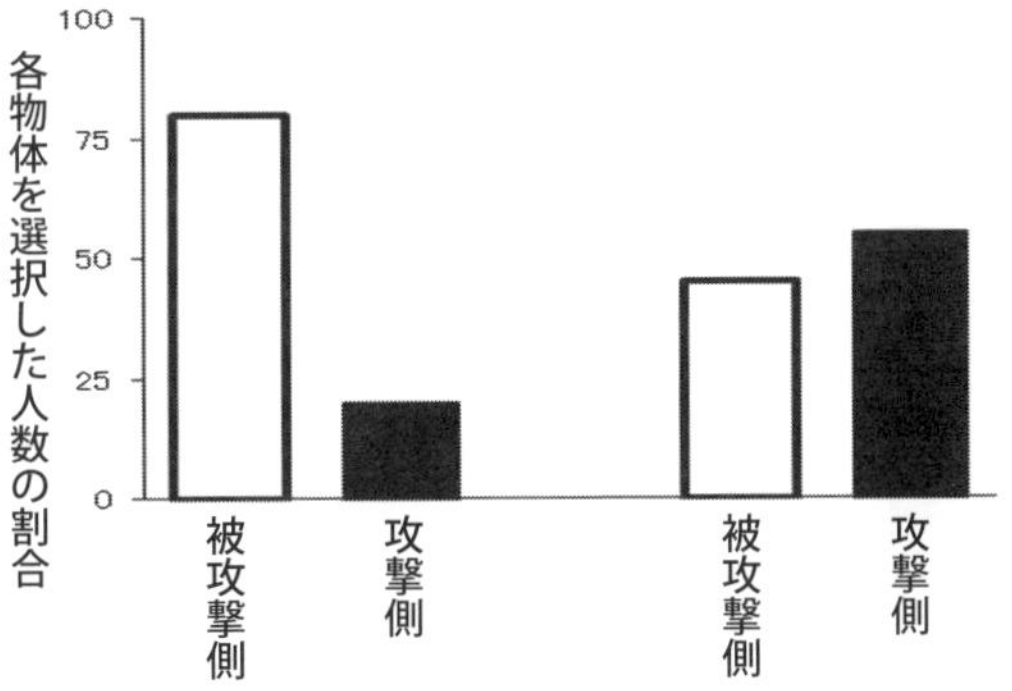

図 2-4　結果の図

のように解釈することは合理的であると思われます。参加児のこうした選好は、条件間の異なる相互作用によるものなのです。

実験１では、参加児が、単に攻撃側の物体を避けて、被攻撃側の物体を選択した可能性が残ります。そこで、実験２では、実験１の条件に加えて、新しい幾何学図形（中立刺激）を加えました（**図2-3c**）。この新しい図形は、他の図形とはまったく独立に動き、中立の立場を示すものです。物体選択テストでは、中立刺激と被攻撃側の刺激の組み合わせが呈示される中立／被攻撃側条件と、中立刺激と攻撃側の刺激の組み合わせが呈示される中立／攻撃側条件が設定されました。手続きは、実験１と同様、10ヶ月児に先行刺激を呈示し、先述した組み合わせの条件で、物体選択テストを実施しました。

結果を**図2-5**に示しました。

乳児の物体選択課題での中立刺激に対する反応は、中立刺激が攻撃する物体と対呈示されるか、もしくは攻撃される物体と対呈示されるかで異なっていました。中立／被攻撃側条件、すなわち、中立刺激と被攻撃側の刺激が組み合わされた条件では、被攻撃側の物体を選択する乳児が有意に多かったのです。また、対照的に、中立刺激と攻撃側の刺激が組み合わされた中立／攻撃側条件では、中立刺激を選択する乳児が有意に多くいました。つまり、乳児のこうした反応は、積極的に被攻撃側の物体に接近し、そして攻撃側の刺激を回避することを示

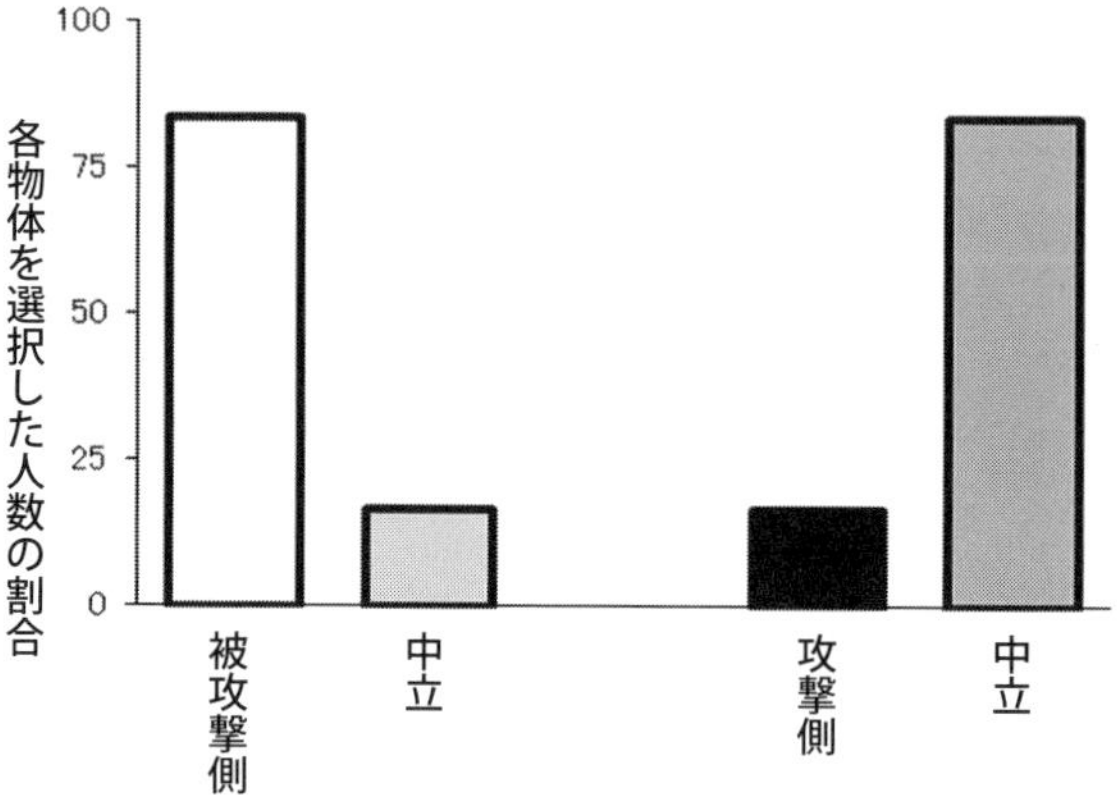

図 2-5　実験 2 の結果

すものであると思われます。

以上のような、一連の研究から、前言語期の10ヶ月児において、すでに同情的行動の萌芽が認められることがわかりました。鹿子木は、これらの結果を、以下の3点から極めて重要なものであるとしています。[6] まず、

(1) これらの結果は、新生児や乳児で観察された他者指向性をともなわない感情伝染によって説明されないということです。なぜならば、乳児は第三者の相互作用の場面で、それを目撃している者としての立場から被攻撃側の物体を選好したからです。すなわち、前言語期の乳児であっても、先行して呈示された物体の相互作用場面から、攻撃・被攻撃の刺激に対して社会的評価をおこなうだけでなく、弱者に対して原初的な同情的振る舞いを示す傾性のあることを示すものです。

(2) 次に、この研究の参加児は、先行刺激として呈示したアニメーション刺激を経験したことはありませんでした。にもかかわらず、乳児自身の日常とはかけ慣れた事象が反映された抽象的な相互作用を示した幾何学図形に反応したのです。このような同情的行動は、感情伝染や

そうした経験の共有というよりも、むしろ社会的認知能力に裏打ちされたものと考えられます。実際、２歳児の感情伝染をともなわない同情的態度を示す最近の報告と一致することがわかっています。[12]

（３）最後に、大型類人のチンパンジーやボノボで報告されている同情的な慰め行動とあわせて考察すると、その進化的視点から、本実験で見られたような早期の乳児の同情的行動は、こうした傾性が生物学的に適応的である可能性を示唆するものです。

4　乳児における公平感

人は、不公平な資源の分配に対しては高い感受性をもっていると言われています。限られた資源を公平に分配するということは、向社会行動と関係があると考えられています。このような公平感は、社会制度的な制約があるというよりも、むしろ暗黙的な社会規範にもとづいているように思われます。

それでは、公平感はいつごろから見られ、どのように発達するのでしょうか。近年の研究では、生後15～19ヶ月までに、乳児は、利益の受け手に対して、資源が平等に配分されることを期待していることが示されています。[1] 期待違反法（乳児は、自分が予期しない事象に対して注視時間が長くなるという傾向を利用した方法）を用いておこなわれたこれらの研究では、乳児は、いずれもエージェントが公平な分配をしたときよりも不公平な分配をしたときに注視時間が長くなりました。また、第三者が、公平な分配者に近づくよりも不公平な分配者に近づく場面を長く注視しました。さらに、それぞれの被分配者が、異なる量の仕事をしたときには、21ヶ月児は、これら二つのエージェントに同じ量の資源が分配されたときに注視時間が長くなりました。[11] このことは、21ヶ月児が、資源は、被分配者の仕事量に応じて分配されるべきだと考えている可能性を示すものです。つまり、たくさん仕事をした人は、たくさんもらい、少ししか仕事をしなかった人は少ししかもらうべきではないと考

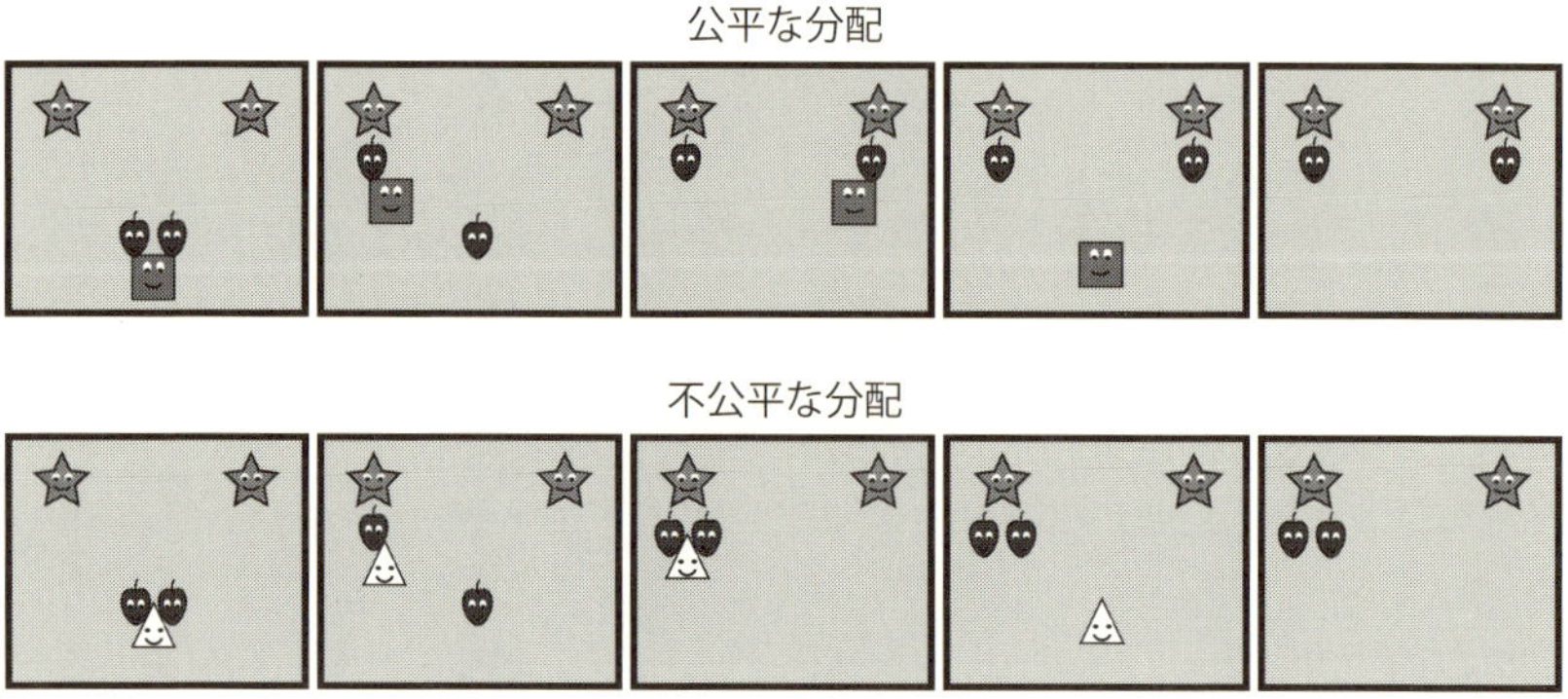

図2-6　慣化の図

えていることです。これらの結果を総合的に考えると、2歳までに、公平感は、乳児の社会道徳的な推論に影響を与えるということが言えます。この結果を説明するために、二つの説が考えられています。一つは、進化論的な視点から、公平感は進化したものだと仮定するもので、もう一つは、公平感は学習と経験によって徐々に成立するものだとするものです。このうちのどちらが正しいか、さらなる研究が待たれるところです。

私の共同研究者であるメリストとスリアンは、三つの実験から、前言語期の乳児が、公平感に対する原初的な感受性をもっていることを示しました[9]。メリストとスリアンは、アニメーションを使って、二つの異なる分配者を乳児に呈示しました。一つは、公平に分配するエージェント、もう一つは不公平に分配するエージェントでした。その次に、第三者が出て来て、それらのエージェントにぶつかる（攻撃する）（実験1）または、それらのエージェントのうちの一方から資源を取り去ってしまう（実験2）という場面を見せられました。もし、乳児が自発的にそのような反社会的な行為を、先に見た分配者による分配行動と結びつけているとしたら、二つのテスト事象に対する注視時間が異なるはずであると考えたのです。もう少し詳しく見ていきましょう。

実験は二つの段階からなっていました。対象となったのは10ヶ月児

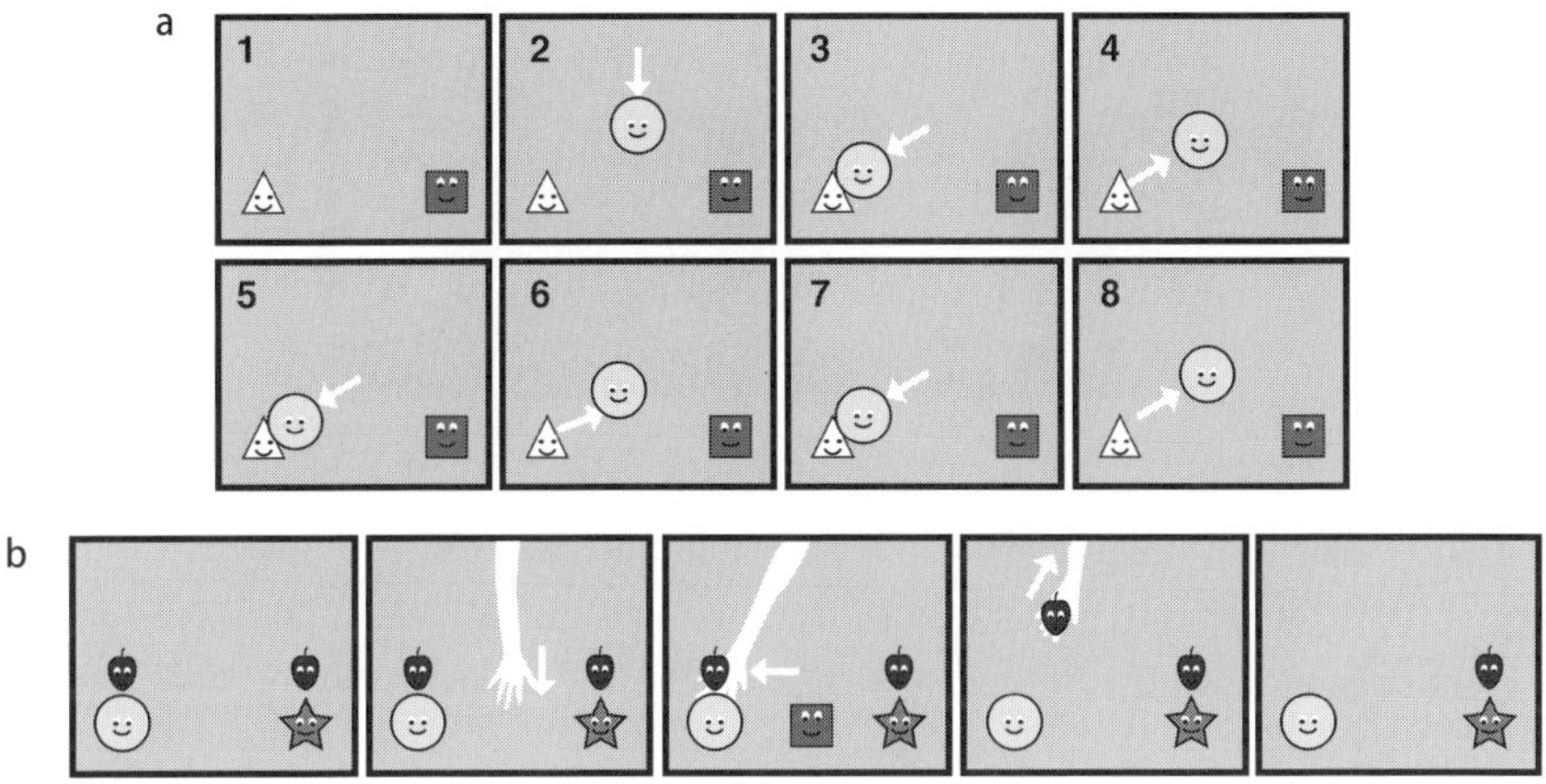

図 2-7　テストの図

でした。

分配者慣化段階（図2-6）――この段階では、乳児は、二つの資源提供者が、資源を公平に分配したり不公平に分配したりする場面を見せられました。図2-6の場合、四角形と三角形が分配者で、星が被分配者です。四角形は、イチゴを公平に、また三角形は、イチゴを不公平に分配します。イチゴを分配した後、分配者はスクリーンから消えました。この分配者慣化段階は、実験１と実験２で共通でした。

テスト段階――分配行動への慣化が終わると、テスト段階へと進みました。図2-7を参照してください。

テスト段階は、実験１と実験２で異なっていました。まず、実験１です（図2-7a）。第三者である円が登場しました。このエージェントは、反社会的であり、二つのうち一方の分配者にぶつかって攻撃しました。この図の場合は、三角形を攻撃していますが、もちろん、四角形が攻撃される場面もありました。これら二つの場面に対する乳児の注視時間が計測されました。

次は実験２のテスト段階です（図2-7b）。実験２の分配者慣化段階は、実験１と同じ手続きですが、分配者と被分配者が替わりました。分配者は、星と四角形で、被分配者は三角形でした。実験２のテスト段階では、円と星は、イチゴをそれぞれ１個ずつ

図2-8　坂道

もっていました。そこに、手が伸びて来て、どちらか一方の分配者からそのイチゴを取ってしまいました。そして、それぞれの分配者からイチゴが取り去られる場面に対する乳児の注視時間が計測されました。**図2-7b**の場合は、円がもっていたイチゴが取り去られています。

結果は以下の通りでした。まず実験1の結果です。10ヶ月児は、公平な分配者が攻撃されるよりも不公平な分配者が攻撃される方をより長く注視しました。実験2でも同じような傾向の結果となりました。公平な分配者からイチゴが取り去られる方よりも、不公平な分配者からイチゴが取り去られるほうをやはり長く注視したのです。これは、著者らの予測とは逆の結果です。期待違反法を用いたこれらの実験では、乳児は、公平な分配者は悪い扱いを受けるはずはなく、不公平な分配者は、攻撃されたり物を取り去られたりするのは当然だと考えることを著者らは期待していたはずです。この結果の解釈は大変難しいのですが、メリストらは、乳児は、先がけて呈示された刺激との一貫性を選好したのではないかとの説明をしています。しかしながら、この解釈はより精緻化された実験によって決着をつけなければならないと思われます。いずれにしても、前に呈示された、エージェントが公平であるか不公平であるかによって、次の事象に対する注視時間が影響を受けたのです。

次に私たちのオリジナルの研究を紹介しましょう。これも先に出てきたマレックとの共同研究です。本章の1節でも述べましたが、生後3ヶ月の乳児であっても、他者のふるまい、すなわち援助行為であるか妨害行為であるかによって社会

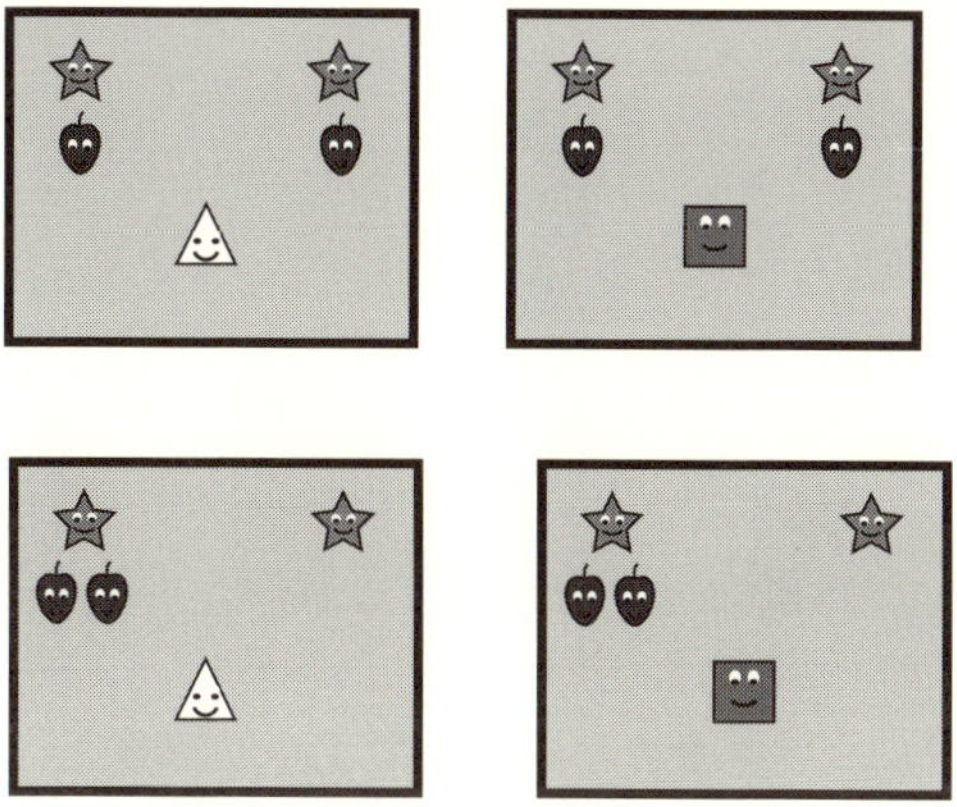

図 2-9　テスト刺激 4 条件

的評価をおこなうことがわかっています。では、このようなエージェントの援助・妨害行為から、公平・不公平な行為を予測できるのでしょうか。それが私たちの問いでした。実験に参加したのは15ヶ月児でした。乳児の注視時間を計測するために、アイトラッカー（視線計測装置）を用いました。**図2-8**を参照してください。

ハムリンらの刺激をもとに、アニメーションの馴化刺激を作成しました。主人公を援助するまたは妨害する事象は、ハムリンたちの刺激と同じでした。この図の場合、ボールが坂を上ろうとしていますが、三角形はそれを助け、四角形は邪魔しています。このような馴化刺激を乳児に見せた後、テスト刺激として次の四つを用意しました（**図2-9**）。

（1）援助したエージェント（この図の場合三角形）がイチゴを平等に分配する
（2）援助したエージェントがイチゴを不平等に分ける
（3）妨害したエージェント（この図の場合四角形）がイチゴを平等に分ける
（4）妨害したエージェントがイチゴを不平等に分ける

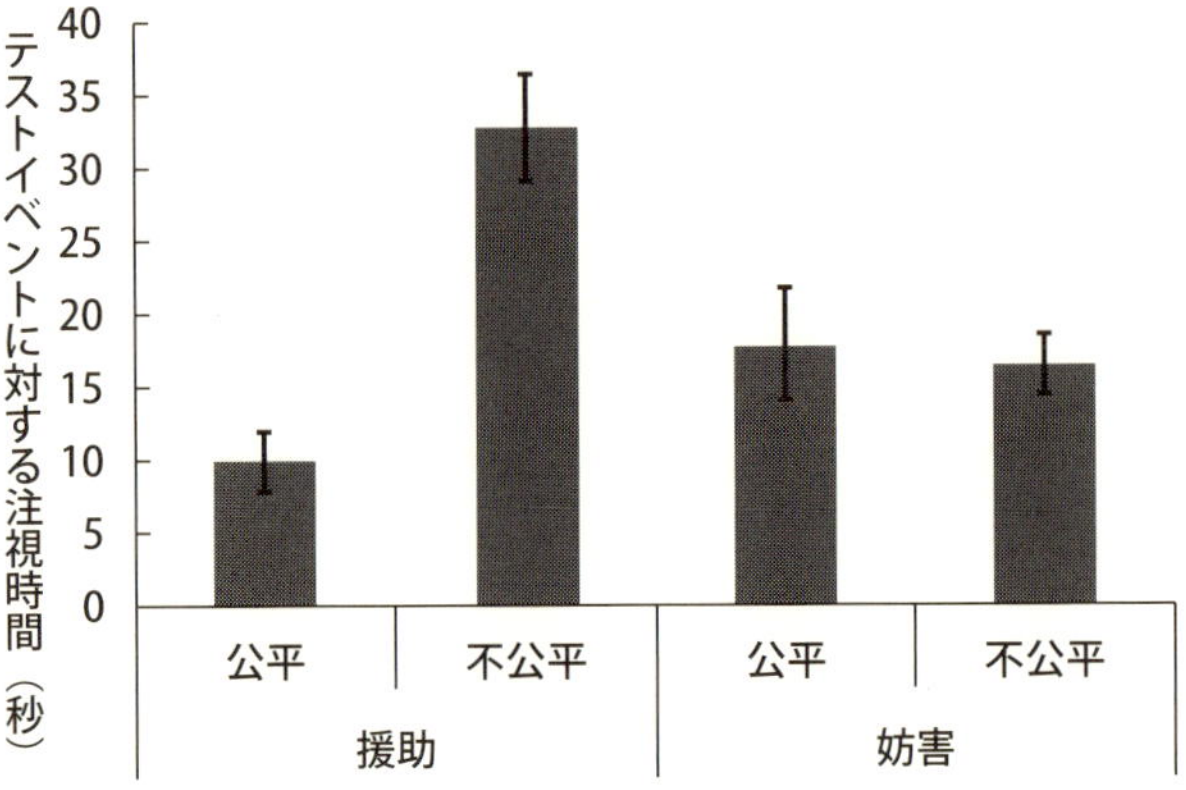

図2–10　結果

私たちの仮説は、①乳児は、援助したエージェントは平等に分配することを期待する、また、②妨害したエージェントは不平等に分配することを期待するというものでした。つまり、前述した四つの条件で、（1）よりも（2）の場合で注視時間が長い、また、（4）よりも（3）の場合で注視時間が長くなるということです。

結果を図2–10に示しました。

横軸が各条件、縦軸が注視時間です。援助したエージェントの分配行動については、予測通りの結果でした。乳児は、援助したエージェントが不公平にイチゴを分配した場合、その事象を長く注視したのでした。しかしながら、二つ目の仮説は支持されませんでした。妨害したエージェントが、公平に分配しても不公平に分配しても、乳児の注視時間に統計的な差は見られませんでした。本実験の結果は、乳児は、少なくとも、エージェントの援助行為によって、そのエージェントが公平に分配するか不公平に分配するかを予測していたことを示すものです。

5 まとめ

本章では、乳児のさまざまな向社会行動について先行研究および筆者らのオリジナルの研究を紹介しました。人は発達の極めて早い時期から、他者のふるまいに応じた社会的評価をしたり、自分の利益にならなくても他者を助けたり、同情的な態度を示したりすることがわかりました。また、公平感に対しても非常に高い感受性をもっているだけでなく、社会的文脈に応じて、エージェントに対する選好が変わることもわかりました。今後は、このような発達初期の社会行動が、後のより成熟した向社会行動にどのようにつながっていくのか、その発達の軌跡を検討することが期待されます。

第3章

発達心理学——子どものウソは「嘘」か

母親が幼い子どもに「嘘ついた！　いけない子」とか「また嘘ついたのね。嘘つき！」などと責める場面に出くわすことがあります。子どものウソは本当に「嘘」なのでしょうか。子どもは他人をだますことができるのでしょうか。嘘やだましの発達について、嘘やだましの基底にある認知のメカニズム——想像・語り・想起のメカニズム（仕組み）から探ってみましょう。

1　嘘とだましは記憶の歪み

報告の順序の変化

娘が4歳のとき、「ワタルくんが砂投げた！」と砂場から泣いて帰ってきたことがあります。すぐに私は娘の手をひき、ワタルくんのお宅に抗議にでかけました。私がワタルくんの母親に娘から説明された状況を説明していると、ワタルくんのお兄ちゃん（6歳）が出てきて、「トモちゃんの方が先に砂を投げたんだよ。ワタルはトモちゃんに投げ返しただけだよ」と説明してくれました。これを聞いて、お宅に抗議に出かけたことを深く恥じ入ったのでした。娘は私にウソをついたのでしょうか？

このような出来事では何が最初に起こったのかという出来事の生起順序が因果関係を判断するときに重要です。A――トモコが砂を投げつけ、B――お返しに、ワタルくんが砂を投げかえした。C――そしてトモコが母親に言いつけにきた。Aなしに、Bを告げられたと筆者は、ワタルくんの行為を母親に知らせて叱ってもらおうとしたのです。Aを忘れてBのみ報告したので因果関係が逆転してしまったのです。このような順序の変化はよく起こります。実際に起こった事柄の順序はA→B→Cであっても、トモコの頭の中のイメージは、親近性効果（recency effect）が働き、B-Cの連鎖のみが記憶に強く残ったのです。このような記憶の脱落、あるいは歪みから起こるウソはよく見られます。意図的に嘘をついたりだましたりするのは、相手の意図や願望を知って、戦略的にそれを裏切ろうとする場合であり、子どもが他人の視点に立てる段階を過ぎないと起こらないことなのです。

幼児期のウソの多くは、自分が被害を受けたことにのみ注意がいくことで、出来事の順序が変わったり、後に起こった出来事の印象が強くて、[9][21] 報告の順序の変更や因果関係の逆転が起こったりするために引き起こされたのです。

報告の誤りは大人でも起こる

大人でも、順序が変ってしまったり、新しい出来事を自分の常識から組み込んでしまってウソに見えることがよくあります。ベルリン大学の犯罪心理学のフォン・リッツ教授の講義中に起こったことです[6]が、クリス

表 3-1　世間話〔事件報道をめぐる老夫婦の会話〕(7)

お婆さん「いやな話だね。姉の方も狐でも憑《つ》いたんじゃないの」
お爺さん「狐じゃなくて男さ。きっと妹の方が男をとっちまったんだ」
お婆さん「そうかね，でも妹を殺すかね，取り憑《つ》いたんじゃないの，狐が」
お爺さん「おんなぁ怖いよ」
お婆さん「男も真面目なのに限ってさ，裏で何やってるかわからないもの」 ……ひとしきり真面目に見えて悪いやつらがいたことをあれこれと話し， 悪い男のうわさ話から，いま一度事件に話がもどって……
お爺さん「いや，妹より男が悪い」
お婆さん「やっぱり殺した方がよくない」
お爺さん・お婆さん「親御さんたちは悲しいだろう」

チャンの学生Cが突然立ち上がり大声で「キリスト教の立場からその問題を明らかにしたかったのだ」と意見を述べ始めたところ、イスラム教徒の学生Iが「そんな立場に立てない」と叫びました。Cは「オレを馬鹿にしたな」とどなり、ピストルを取り出してIを狙いうちしようとしました。IはとっさにCにつかみかかりピストルをもぎ取ろうとしました。あわやというところで教授が二人の間に割って入り、この事態を鎮めたあと、学生たちに向かって「諸君、今見たことを一部始終想い出してレポートを書くように」と述べました。じつはこの出来事は教授が仕組んだもので、教室で起きた出来事とレポートを比較するためのものでした。学生たちが書いたレポートをみると、「事件」を目撃した直後であるにもかかわらず、省略や付加、順序の改変も多く見られました。レポートで虚偽の報告をすることで得るものは何もないはずですから、パニック状態では、大人であっても目撃証言に誤りが多くなることがわかります。

　世間話やうわさ話もどんどん尾ひれがついて常識的な物語に変ってしまいます。**表3-1**に掲げた会話は、姉が妹を殺したという事件の記事を読んだ食堂の老夫婦の世間話をしているときのものです。じつはこの新聞記事には、三角関係のもつれとか、妹が姉の恋人を奪ってしまったとかはいっさい書かれていなかったのです。にもかかわらず、姉が妹を殺すという尋常ではない出来事が起こると、なぜそんなことが起こったのか、わけが知りたくてたまらなくなるのが人間の常です。〝狐が憑《つ》いた〟とか〝三角関係のもつれ〟など、自分たちの常識をひっぱりだして、謎解きを始めます。姉が妹を殺したわけを探索し、自分たちの常識で納得がいくように、すなわち、意味がわかる（make sense）ように、新聞記事の情報を素材にしていつの間にか加工してしまうのです。姉の殺人の動機をつけ加えることによって、尋常でない出来事が「世間でよくある話」に変ったわけです。

目の前で起こった事件も、新聞報道で知った事件も、すでに所有している知識や経験、常識と関係づけられて取り込まれます。それを必要に応じて想起し再現するわけですが、「再現」と言っても、単なる「再現」ではありません。目の前の出来事でも新聞で読んだ事件の記憶についても、観察者や読者の知識や経験と関係づけられて情報は加工されており、もとの形とは変化してしまうのです。さらに、想起した事柄についてレポートを書いたり、世間話をしたりする過程でも、状況にあわせて再度の加工が起こり、常識に合う話に変ってしまいます。

人は整合性ある意味を構築したい、未知なるものをなんとか解釈したいという強い欲求をもっています。世間話やうわさ話、デマが流布するのはそうした人びとの願望の現れとも言えましょう。人が、体験の記憶を想い出して語るとき、この欲求は一層顕著になります。想起というものは入力した情報の単なる再生・再現ではなく、能動的な再構成なのです。

過去の出来事を想起しようとするときには以前に蓄えた経験や常識——これを、社会心理学者のバートレットは「図式」[2]と呼んでいます——を土台にして「何が真実であるに違いないか」という推論をすることによって細部を補い、まとまりのある話を作り上げてしまうのです。

認知心理学者のスピロ[12]は、大学生にある婚約者たちの話［ある婚約者同士は子どもをもつかどうか仲たがいしている」を聞かせた後、その内容と矛盾する情報［二人は幸福な結婚生活を送っている］を付け加えました。話を聞かせた後で大学生に実験者の話を再生させたところ、矛盾を解消するような情報［二人は一人だけ子どもをもつことで折り合いをつけた］というような矛盾を解消する情報を組みこんで再生しました。また、再生までの時間間隔が長いほど情報の変容の度合は大きくなりました。さらに、再生した文が実際に聞いた話のなかにあったと思うかどうかについての確信度を調べたところ、実際に聞いた文と推論により補った文の間に確信度の違いはなかったのです。このことは、彼らがこのような陳述を意識的に捏造したのではないことを意味しています。

さらに「記憶実験に参加してもらう」と言われた被験者に比べて、実験者の知合いの話として聞かされた被験者の方が想起内容の変容はずっと大きかったのです。世間話なら被験者の常識が働きやすく、「気の合った婚約者同士なら結婚するはず」という先入見が影響を与えたのでしょう。その結果、矛盾の含まれた話や自分の知らない話も自分の常識を働かせ一貫した話として解釈しようとします。さらに、語り手の願望をも組み込んで語るのです。

人は「テープレコーダー」にはなれない

アメリカでは1973年に「ウォーターゲート事件」が起こりました。大統領のニクソンがマスコミ各社の入っているウォーターゲートビルに盗聴器をしかけさせたことが発覚し、また盗聴器に録音されていたニクソンの発言が大統領らしからぬ品位に欠けるものであったことから失脚にまで追い込まれた事件です。大統領の人気と政治的信頼は一気に下落しました。そして下院から大統領弾劾決議案が可決され、ニクソンも大統領を辞任せざるを得ない事態に追い込まれたのです。ニクソン大統領の法律顧問ジョン・ディーンは、事件発覚後ホワイトハウスと捜査当局の連絡、事件のもみ消しなどで常に重要な役割を果たした事件全体の中心人物でした。彼はワシントン連邦地裁から公聴会での証言により刑事事件で訴追されることはないとの「限定免責保証」を取りつけて証言をおこないました。

認知心理学者のナイサー[10]はこの証言と証拠として提出されたテープに録音された実際の会話との照合をおこないました。**表3-2**の証言１では、実際に交わされた会話の一部を再生してはいますが、大統領ではなく、ハント自身の発言になっています。また大統領が言ったとする証言は明らかに誤っています。何らかの思惑が無意識的にはたらいて、大統領の発言ということにしたかったのかもしれません。証言２の方は実際に交わされた会話とは大きく食い違っていますが、この証言から、ディーンは大統領が自分を誉めてくれたと思っていたことがわかります。また、後の部分は、ディーンが事の成り行きに不安を感じていたことを示唆しています。ここでの記憶の誤りは、当然そうあるべきという推理、ないし、そうあってほしいという願望にもとづいて生じたものなのです。このような変容は、フロイトの〝記憶の歪みは個人の欲求や性格によって動機づけられている〟という指摘を思い起こさせます。

ディーン自身は「自分は記憶力がよく、そのおかげで、これまでずいぶん得をしてきた」と記憶力の高さを自認している人なのですが、そんな人でも会話内容を逐一想起することは難しいのです。ディーンが想起したのは、自分がどう感じたか、何を望んでいたか、事のあらましはどんなふうに受け取れたのかの印象であって、決して一語一句の表現や、会話の要点を「正確に」再生したわけではないのです。

このように、「想起する」ことは、想いだそうとする状況や時点にあわせてイメージを再構成することなのです。決して取り込んだままの記憶が取り出されるのではなく、思い出す人の意図や願望、常識が入り込んでくるのです。記憶したものをそのまま取り出すのではないのです。

記憶したままを取り出す場面というのは入学試験を受けるとき、たとえば「アメリカの独立記念日は何年何

表 3-2　人はテープレコーダーにはなれない〔ディーンの証言〕[10]

例 1．発言したのは自分ではなくてハントのせいにしたかった

【ディーンの証言】

「会話のはじめに，大統領は私（ディーン）に〈ハント（元 CIA 工作員）が大統領キャンペーンは 68 年に盗聴されたと言った〉とおっしゃいました。そして大統領は，私たちが今回の盗聴の一件を明るみに出して，今の窮状に対処するのに用いたらよいとおっしゃいました。」

【テープに録音された実際の会話】

大統領「我々は 68 年に飛行機上で，それから 62 年にも盗聴されていた。君も知っての通りだ。」

ディーン「68 年の盗聴の証拠がないのは残念です。元 CIA 工作員（ハントを指す）だけが知っていたと思いますが」

大統領「いや，それは違う」

例 2．大統領に誉められたいというディーンの願望を述べた

【ディーンの証言】

「大統領は，私に〈うまくやった〉とほめてくださいました。そして事件がリディ（財務担当顧問）で止まったことに感謝してくださいました。私は〈おほめには及ばない〉と申し上げました。また，大統領は〈この事件が終わるのはずっと先だし，事件が決して明るみに出ないと確信できない〉とおっしゃいました。」

【テープに録音された実際の会話】

ディーン「3 ヶ月前には，こんな事件が忘れられるときが，きっと来るに違いないと思いながら苦労していました。しかし，今なら私も 54 日後の 10 月の選挙はきっとうまくいくと思います。」

大統領「えっ？」

ディーン「何もかもうまくいくでしょう。」

大統領「あぁ……それにしても君の対処の仕方は巧みだったね。あちこちの漏れ口に指を当ててふさいでくれた。」

月何日か?」という問いに答えるような場面に限られています。これは日常語で「暗記能力」のことです。

では、想像力は暗記能力とどう違うのでしょうか。「思考活動（thinking）」には「収束的思考（convergent thinking）」と「拡散的思考（divergent thinking）」とがあります。収束的思考は解が一つ、解に至る道筋も一つという問題を解決するときの思考です。一方、想像力は、解は複数あるし解に至る道筋も一つとは限らないような問題を解くときに働く思考を指しています。どちらも表象（日常語の「イメージ」）を構成する素材となるのは既有知識や経験です。反省的思考を働かせて、既有知識や経験を振り返り、問題解決に役立ちそうな知識や経験の断片が取り出され、類推や因果推論を働かせてイメージへとまとめあげるのです。収束的思考の最終段階では「再生的」イメージが、拡散的思考の最終段階では「創造的」イメージができあがるのです。再生か創造かは別物ではなく、創造の含まれる程度の違いなのです[18][19]。創造か嘘かを分かつ最大の違いは次の点にあります。創造は自己内対話（自問自答）によってイメージを構成するものですが、ウソやだましは相手があって成立するものです。相手がどんな思いや期待をもっているかを考慮して会話を進めることにより、「巧妙な」嘘や騙し、振り込め詐欺などがうまくいくことになります。

2　ウソは会話の過程で「嘘」になる

「二重拘束」によるコミュニケーションの障害

会話場面での雰囲気、相手との関係性、相手の発話などに埋め込まれている感情などが事実を歪めることがあります。発話にともなう表情や声の高さなどの「非言語的手がかり」は発話意図や言外の意を汲み取るときに不可欠な役割を果たしています。否定的感情が込められた発話は誤解されやすいし、その発話意図は否定的なものとして受け取られてしまいます。発話の内容と発話の声の調子（ピッチ）が対応していないときには、発話意図を汲み取ることはとても難しくなります。子どもが母親にお菓子をねだったとき、母親が怖い顔をして、威圧感の感じられる相手を威嚇するような調子で「あげるわよ」と言ったら、子どもは手をひっこめてしまうでしょう。相手が問いかけてきたとき、相手の表情や口調が答えを出させないような感情をともなっていると感じられるときには、答えは言えなくなります。相手は自分に「話せ」と言っているのか「話すな」と言っているのかわからないからです。これは「二重拘束（ダブル・バインディング）」と呼ばれる現象です。

幼いころから二重拘束のコミュニケーションにさらされる機会が多いと会話の文脈を的確に把握する能力が損なわれ、コミュニケーション障害や対人関係の障害を起こしやすいと考えられています。また統合失調症の患者の家族には二重拘束的コミュニケーションが多く見られるそうです。

臨床心理学者の青木[1]は、大学生を対象にコミュニケーション障害が発生する条件について探っています。文章の内容と声のピッチのミスマッチを起こすような実験場面を設定しました。つまり、肯定的内容を否定的口調で、否定的内容を肯定的口調で読み上げた場合、文章の記憶や理解の成績は低くなります。肯定的な表現「きっとうまくいくんじゃないかと思ったの」を否定的な口調で読み上げられると、聞き手は〝こんなにうまくいくと思わなかった〟とか〝うまくいくと思ったけどそうはいかない〟など不安や否定的な感情を込めた表現に変えて想起してしまいます。肯定的な情動よりも否定的情動の方が伝わり易いので、肯定的内容を否定的口調で言われた場合に聞き手の葛藤が最も高くなります。〝相手は「いい」と許可しているけど、本当は反対してるんじゃないか〟などと考えて、どう返事をしたらよいか身動きがとれなくなってしまうのです。

目撃証言の信用性

会話は聞き手と話し手の双方の間で制御されています。会話の制御は、会話の表現だけではなく会話の相手の性格や日頃の関係も影響しています。

相手と自分との心理的距離や社会的上下関係は会話行動に影響を与えますが、相手のうなずきは会話行動に影響を与えます。日米の会話行動を比較した言語心理学者のクランシー[3]によると、アメリカ人にとっては、会話では情報伝達や意見の調整に力点が置かれることが多いのですが、日本人のそれは相手とのよい人間関係を作り上げる方に主眼があるため、話し手は常に聞き手の態度に注意を払っており、あいづちを求めることが多くなります。時には相手のあいづちや表情を見て、自分の意見を変えてしまう場合すらあるのです。

裁判の証言でも同じような記憶の歪曲が起こります。目撃証言は、裁判官や検察、弁護士との間で交わされる会話場面で構成されていきます。発達心理学者の浜田[5]は１９７４年に兵庫県西宮市で起こった精神遅滞児の収容施設の甲山学園で二人の収容園児が浄化槽から死体で発見された事件——「甲山事件」*——の裁判での供述を分析しました。その結果、検察官が最大の有罪証拠とした一人の園児の供述は裁判の過程で歪められた可能性があることを明らかにしました。また、供述がとられた時期も問題で、判決の決めてとなった供述は、１人は事件から17日後、２人は事件から３年経ってとられたものであり、証言の歪みが多くなったと考えられます。

*「甲山事件」とは１９７４年3月に知的障害児施設「甲山学園」（今は廃園、当時兵庫県西宮市にあった）の2人の園児が寮の裏手にあった浄化槽から溺死体で発見された事件。Y保母が2人を連れ出すのを見たという園児2人の証言で殺人罪に問われ、証言の信用性は低いと神戸地裁で2度目の無罪判決が言い渡され検察側が再控訴しているものである（２０１５年11月現在）。

表 3-3　子どもの目撃証言の信用性〔甲山事件の供述〕(11)

例 1：同一の質問の反復で回答を引き出した
B＊ 「最初の廊下の入口の境のところから見たときその人の顔は見えたの？」
C 「……」
B 「最初に見たときだよ」
C 「いいえ，見なかった」

例 2：「択一式クローズド・クエスチョン」に切り替え一方の選択肢を強制的に選択させた
B 「そのうしろの人とＳ君との間やけどな，これは体がひっつくぐらいかな？」
C 「……」
S 「ひっつくぐらいかそうでないかでまず答えてください」
C 「……」
B 「体がひっつくぐらいかそうでないかでまず答えてください」
C 「……ひっつくぐらい」

例 3：同一質問の反復で「いいえ」から「はい」に変わってしまった
B 「さっき男子トイレから玄関通って女子棟の方へ行ったと言ってくれたね」
C 「はい」
B 「そのとき，君が歩いていって，男子棟廊下とか玄関とか女子棟とか，誰かおりましたか？」
C 「いいえ」
B 「女子棟の廊下には誰かいたのかな？」
C 「……(1分 15 秒)」
B 「質問分かってますね」
C 「はい」
S 「質問わからなかったらもう一度言ってちょうだいと言いなさい」
C 「はい」
B 「女子棟の廊下に誰かいたのかな」
C 「……Ｓ君と澤崎先生いた」
B 「それは，君見たわけやね」
C 「はい」

＊ B：弁護士　S：裁判官　C：供述した子ども

甲山事件の供述の例を表3-3に示しましょう。例1は同一の質問を繰り返して回答を引き出してしまった場面、例2は択一式クローズド・クエスチョンへと切り替えて、選択肢の一方を強制的に選択させてしまった場面、そして例3は回答不能だったのに、弁護人や裁判官が同じ質問を3度繰り返したため、否定「いいえ」が肯定「はい」に変って（変えられて）しまった場面を示しています。

この裁判の速記録を言語社会学者グライス[4]の「会話協力の原則」（①質の公準——真実を述べよ、②量の公準——必要十分な情報を述べよ、③関係の公準——相手の発話に関係づけよ、④様態の公準——明瞭で文法的に適切な表現を用いよ）に照らしてみると、弁護人や裁判官が意図せず公準を破ることによって、期待するような供述を引き出してしまっていることがわかります。5歳後半すぎにはこの会話協力の原則を使えるようになります。私たちは答がすでにわかっているときには質問を繰り返しません。5歳児は、大人が同じ質問を繰り返すと、「さっきと同じように答えてはいけない」とか「自分の答えが間違っていたのだ」と思いこんで、質問者の期待を察知して、それに応じようとして他の答えを探そうとするのです。

相手の意図がわからないとウソはつけない

相手の意図や思いがわからないと嘘はつけません。幼児は、何歳ごろから相手の思いがわかるでしょうか。相手の意図や思いに配慮して、自分勝手な欲求を抑えることができるでしょうか。他人の目を気にして自分のふるまい方を制御したり、本当は泣きたいのに唇をかみしめてがまんしたりすることを「展示ルール（display rule）」と呼んでいます。

何歳ごろから他人の目を気にして自分の欲求を抑えることができるか、展示ルールの発達を調べてみました。絵カードを見せながら子どもに次のように質問します。①「うさこちゃんは赤い色が嫌いでした」、②

「おばあちゃんがお誕生日に赤いブーツをプレゼントしてくれました」、③「うさこちゃんはどうするかしら？何ていうかしら？」と質問し、判断の理由を尋ねました。3歳児は「いらない」とすぐに答えました。「どうしていらないの？」と理由を尋ねると、「だって、赤嫌いなの」と元気よく答えてくれました。5歳児は3歳児同様すぐに答えてくれます。「もらうよ。ありがとうって言う。だっておばあちゃんがせっかくうさこちゃんにプレゼントしてくれたんだから。ぼくだったらそうするな。うさこちゃんは赤が嫌いだったけど、うさこちゃんが〝いらない〟って言ったらおばあちゃん悲しむから」と自発的に理由を述べてくれるのです。さらに「でもぼくのおばあちゃんは、ぼくが嫌いなものは知ってるから、嫌いなものはぼくにプレゼントしないけどね」と付け加えたりします。では、4歳児は、どう答えたでしょうか、4歳児は答えるまでにとても時間がかかりました。「ええと……もらうかな、もらわないかな」と、さんざん迷ったあげく、「もらう」と「もらわない」という答えが半々になりました。そう判断した理由も、はっきりしません。「どうしてもらうの？」（あるいは「どうしてもらわないの？」）と重ねて尋ねると、「嫌いなんだけど、赤。どうするかな……」と迷いつづけ、はっきりと理由を言うことはできないのです。

このような質問への答え方には3～5歳までの発達の差がよくあらわれています。3歳児は自分の欲求を中心にして自分の思いをはっきりと表現します。他人の思いは目に入らないのです。5歳児は3歳児と同様すばやく答えますが、答え方は3歳児とは正反対になります。他人の視点に立つことができるので、この場面でも、おばあちゃんの気持に配慮して自分の本心を隠すことができるのです。4歳児は反応のうえでは3歳児よりもむしろ後退したように見えます。しかし、頭の中では他人の視点にも気づきはじめ、自分の思いとの葛藤をどう解消したらよいか迷い探る段階に入ったために反応するまでに時間がかかるのです。恐らく、4歳児は他人の意図や願望、欲求は気づいたとしても、自分の欲求や思いと葛藤するときには、自分の気持ちを優先させてしまうのでしょう。[16] この実験結果から、私は3・4・5歳児の違いを、それぞれ「物怖じしない3歳児」・

「恥ずかしがりやの4歳児」・「空気の読める5歳児」というニックネームで呼ぶことにしました。

3 ウソやだましの成立過程

知識や経験が豊かであるほどウソはホントらしくなる

宇宙船から地球におりたった星の王子さま（サン＝テグデュペリ『星の王子さま』岩波書店）に、小さな狐が言いました。「一番大切なものは目に見えないんだよ」と。私たちは見えない世界、つまり虚構の世界をどうやって見ることができるのでしょうか。

想像力は目に見えないものを見る力のことです。私たちが現実には存在しないものを見ることができるのは、想像力を働かせて、頭の中に現実世界の物理的実在についての像（イメージ＝表象）をつくりだすことによっています。私たちは経験や既有知識を素材にして、頭の中に現実世界を代表する「表象（イメージ）」をつくりだすのです。

見えない未来を想像するのには経験が不可欠です。ここで経験や知識の量が違う2歳5ヶ月の女児と3歳7ヶ月の女児の語りを比べてみましょう。3枚の絵カード（**図3-1**）を子どもの前に置いて、お話をつくってもらいました。1年3ヶ月の違いで、語りの豊かさはかなり違ったものになりました。二人の語りを以下に示しましょう。

2歳5ヶ月の女の子は「①うさタン、ピョンピョン、②イタァー、ころんだよ、石、ころんだ、③エーン、エーン、うさタン、えーん」と、自分も泣きまねをしながら語ってくれました。

3歳8ヶ月の女児は、「①うさこちゃんが、お月さんを見ながら、楽しくダンスしていました。②上ばかり

2歳5ヶ月	3歳8ヶ月
うさタン，ピョンピョン	うさこちゃんが，お月さんを見ながら，楽しくダンスしていました
イテェー，ころんだよ，石（絵の石をさす）ころんだ	上ばかり見ておどっていたので，石ころにつまづいて，水たまりにしりもちをついてしまいました
エーン，エーン，うさタン，えーん（顔に手をあて泣き真似をする）	頭から，水ぬれになったうさこちゃんは泣いてしまいました

図3–1　うさこちゃんの絵カード[17]

見ておどっていたので、石ころにつまずいて、水たまりに、しりもちをついてしまいました。③頭から、水ぬれになった、うさこちゃんは泣いてしまいました」と語りました。想像力を働かせ、絵には描かれていない要素を補い、活き活きしたイメージを描きだし、そのイメージを解釈して語ってくれたのです。このように想像するには経験や知識が不可欠です。経験や既有知識が豊かであるほど想像世界（虚構）は豊かになり「もっともらしく」なるのです。

幼児は「虚構」と「現実」を区別できるか

幼児期の終わりになると、子どもは会話でウソッコとホントをしきりに口にするようになります。認知的処理資源が3単位から4単位に変わるころと一致している。発達心理学者の加用[7]はごっこ遊びの場面で子どもが虚構と現実を区別できるかどうかを調べました。「これハンバーグ」と言って食べる真似をしている子どもに、「だってそれお砂でしょ」と現実に立ち返らせるような異議申し立てをすると、４歳未満の子どもたちは返答に窮して黙り込んだり、「いいの！」と怒り出します。４～５歳にかけて「ウソッコだからいいの」と主張するようになります。お店屋さんごっこ中の４歳１ヶ月の子どもに、「何屋さんですか？」と質問すると即座に「パン屋さん」。「でも、ほんとはショウジくんでしょ」と言うと、じっと大人の顔を見つめた数秒後に「お母さんはワカマツミヤコ、お父さんはワカマツタロウ」と父母の実名を報告しはじめたりします。ごっこ遊びでの役割名と本当の自分の間の矛盾を克服できるのは５歳後半すぎのことなのです。

また「お団子どうぞ」と子どもが差し出したお団子」を受け取り、目の前でパクッと食べて見せた瞬間の反応を見ると、３歳児は平気で遊んでいますが、４歳児はびっくりしたり、困ったことが起こったとうつむいたりします。５歳前半からは「ほんとにたべたらあかんねんで」としなめようとしたり、「この人、砂食べはったー」と先生に言いつけたりします。５、６歳になると、「ダメ、ホントに食べちゃダメなの。ウソッコで食べる真似すんの。お砂ってバッチイんだよ。ママが言ってたもん。夜中に猫ちゃんがおシッコしたかもしれないって」と論拠を述べて異議申し立てするのです。ウソッコ、ホント、真似、カモなどのことばを言いながら、自分は知らないけれど、〝ママが言ってたもん〟と情報のソースを明確にして食べてはいけないわけを主張し大人を説得しようとするようになるのです。また、５歳児のなかには、実験者が食べるのを見た瞬間、突然立ち上がり、「ほんまに食べた。砂やで、砂。すごい！」と興奮したりする子どももいたそうです。(7) 幼児期の終わりごろに子どもは虚構と現実の区別ができるようになっていくのです。

虚構と現実の往復の手段――「可逆的操作」

物語るということは知識や経験をもとにして想像世界を創り出し、それをことばで表現するという営みの典

①⇒②へ　順向条件（時系列因果律）
②⇒①へ　逆向条件（結論先行の因果律）

図3-2　二つの出来事の統合(13)

型的なものです。子どもは2歳ごろから語り始めますがその語りは断片的です。3～4歳にかけて語彙も増え、時間の流れにそったお話を語れるようになります。5歳後半すぎには「物語文法（物語の出来事の展開の時間的枠組み）」が獲得されると子どもの語りは質的に変わります。「夢」とか「回想シーン」を組み込み時間の順序を破る語り――「ファンタジー」を語り始めます。

ファンタジーは意外な出来事、非現実的な出来事と現実をつなげる「組み込み技法」を使い、現実と虚構の行き来をします。物語に組み込まれた〈意外な出来事〉や〈夢のなかの出来事〉が組み込まれると筋の展開に緊張がもたらされます。物語のなかでは物語世界での「論理的」時間が打ち立てられ、前進と後退の多種多様なエピソード配列が形成されていくのです。

夢のなかの出来事と現実を往復するためには、「可逆的操作」が必要になります。夢から覚めた時点で、いつから夢をみはじめたのか、過去に遡ることができないと、夢と現実をつなげることができないからです。

可逆的操作は何歳から使えるでしょうか。子どもに二つの場面（**図3-2**　①男の子が石につまずいた場面と②けがをして泣いている場面）を提示して、一つのお話につなげてもらいます。このとき出来事の起こった順に①→②つなげる「順向条件」と結果の②を述べて

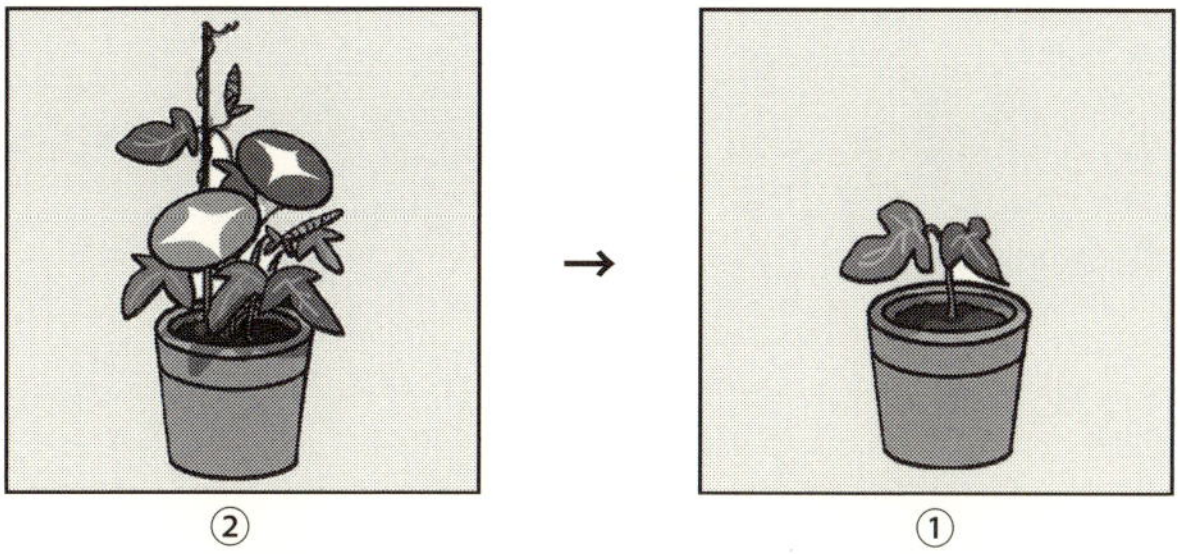

図 3-3　時系列に変えて統合する(13)

から原因の①を説明する「逆向条件」を設けてみました。順向条件では「①男の子が石につまずいて転んでしまい→②ケガして泣いてしまいました」と出来事を順番につなげればよいのですが、逆向条件では「②男の子は泣いてしまいました→①だってさっき石につまずいて転んで、ケガをしてしまったからです」というような結果を述べた後、原因を付け加えなくてはなりません。つまり可逆的操作を使って「結果先行の因果律」で表現しなくてはなりません。実験の結果、順向条件は3歳児もつなげられました。しかし、逆向条件は幼児にとってはとても難しいのです。まず②結果の出来事を述べてから①出来事の原因を付け加えなくてはならないのですが、話す順番に出来事が起こったようなお話につくりかえてしまうのです。「②男の子は転んで泣いてしまった→①その子は、また、石につまずいて転んじゃった」とつなげてしまいます。**図3-3**の、①アサガオの芽が出た場面と②アサガオの花が咲いている場面の課題では、「②アサガオが、①小さくなって芽になった」（5歳3ヶ月女児）とか、「②アサガオが咲きました。種ができたので種まいたら、①また芽が出ました」（5歳10ヶ月女児）のように、時系列でつなげてしまいます。「アサガオが小さくなって芽になる」ことは現実には起こりえないことを知っていても、答えに窮して、自分の知識に違反しても語る順に時系列表現につくりかえてしまうのです。

このことは幼児期には可逆的操作は使えないということを意味しているのでしょうか。2歳代の終わりから子どもは、母親に「だっておにいちゃん貸

つなぎのことば
お人形さんの足がとれちゃった。だってさっき，
みほちゃんとまりちゃんが両方からひっぱりっこしたから。

図 3-4　模倣訓練に用いた絵カード(13)

してくれないんだもん」とか「だって、さっきたっくんがシャベル取っちゃったの」などと「逆接の接続形式」を使って自分の窮状を母親に訴えはじめます。このような接続表現をこの実験場面で思い出してもらえば、結果を先に述べてあとから理由や根拠を述べることできるに違いありません。そこで、**図3-4**の絵カードを使って「お人形さんの足がとれちゃった。だって、さっき、みほちゃんとまりちゃんが両方から引っ張りっこしちゃったから」という例文を3度真似てもらいました。そしてたった3度真似しただけで、5歳後半すぎの子どもは結果先行の因果律表現を使って二つの出来事をつなげることができたのです(5)。可逆的操作を使って二つの出来事をつなげるためには、第一に、出来事が起こった時間が前か後かがわかり、第二に、絵カードを見比べて時間の前後で出来事の何が変化したかを把握した上で、第三に、語る順番は時間を遡る表現形式になるということを自覚しなければなりません。可逆的操作は時間概念の獲得と軌を1にして獲得されるということがこの実験から明らかになりました。

4　結論——子どものウソは「嘘」ではありません

人に嘘をつくとか、他人をだますという行動は幼児期の終わりに成立してくると言えましょう。それは、認知発達の二つ目の質的変化の時期とちょうど対応しています。

まず乳児期の終わり生後10ヶ月ごろに「第一次認知革命」が起こり、イメージが誕生すると、乳児の頭の中には現実にはないイメージが描けるようになります。大人や子どもとの社会的やり取りをするなかで、幼児期の終わり、５歳後半ごろには「第二次認知革命」によって認知発達は質的変化を遂げます。第一に、行動のプランをもちはじめ、先のことが意識できるようになります。第二に、このプランに照らして自分の行為をモニターしたり、評価したりする「メタ認知」が働くようになります。第三に、「可逆的操作」が獲得され、現実と過去と未来を往復できるようになります。子どもも大人も、原因から結果へ、時系列に推論する方が易しいのですが、結果から過去に遡って原因を推論することは難しいのです。「後から前へ」遡って推論し、しかも、ことばできちんと表現できるようになるのは5歳後半のことです。

5歳後半から、子どもは「ウソッコ」と「ホント」を区別して語るようになります。展示ルールが獲得され、他人の意図や欲求の裏をかいてだますことも可能になるのです。談話文法が獲得されると、語りはもっともらしくなります。ウソが嘘になる準備が整います。

以上の論考を踏まえて、「子どものウソは〈嘘〉ではない」と結論を出したいと思います。ウソを嘘に変えるのは大人たちの「しわざ」なのです。大人が想起や会話の共同構成という、ウソの出現のからくりを知らず、自分の基準で子どもを見てしまうことがその原因です。大人の思い込みにより子どものウソは「嘘」になってしまうのです。誰しもわが子が嘘つきや他人をだまして自分勝手な欲求を満たそうとするのは我慢ならないに違いないでしょう。しかし、その我慢ならない行為に走らせるは大人自身なのです。

幼いころから、身近な大人たちによって、「嘘ついた」となじられ、「だましたな」と非難されてきた子どもは、幼児期の終わりには、意図的に「嘘」をつこうとします。しかし、あまりうまく嘘はつけません。ウソが「嘘」や「騙し」へと転化するのは、身近な大人の子どもについての誤解であり、悪意に満ちた子どもへのことばかけと態度なのです。

乳幼児期、とくに自我が芽生える2歳代から、親に認められ、承認され、何よりも、愛されて育った子どもは、決して嘘をつきません。他人をだましたりはしないのです。親は「どの子もみんないい子」とか、「子どもは嘘つきではない」という「性善説」に立って子育てをしてほしいと思います。子どものつまずきや葛藤を知ったら、手をさしのべてほしいのです。[20] 大人は子どもの心の声に耳を傾け、子どもの思いを汲みとり、子どもの視点に立ってその言動を判断してほしいと思います。

第4章 認知心理学
――よりよい意思決定をするには

1 はじめに

私たちは、将来の進路を決めるときに、本を読んだり、先輩から話を聞いたりして情報を集めます。集めた情報から、何を信じて良いのか、どの進路にするのかを考えます。そして、考えたことを、友達に話したり、志願書に書いたりします。

本章でとりあげる認知心理学は、こうした活動に関する研究をしています。それは、図4-1に示しますように、「聞く」「読む」という情報収集（入力）と「話す」「書く」という情報発信（出力）、両者をつなぐ思考（直観、推論、判断、意思決定）、そして、知覚、記憶、言語がどのように働いているかを明らかにする学問です。そして、これらの働きを、実験、調査、観察などの方法によって、科学的に解明し、説明・予測し、教育や産業などに応用することを目指しています。

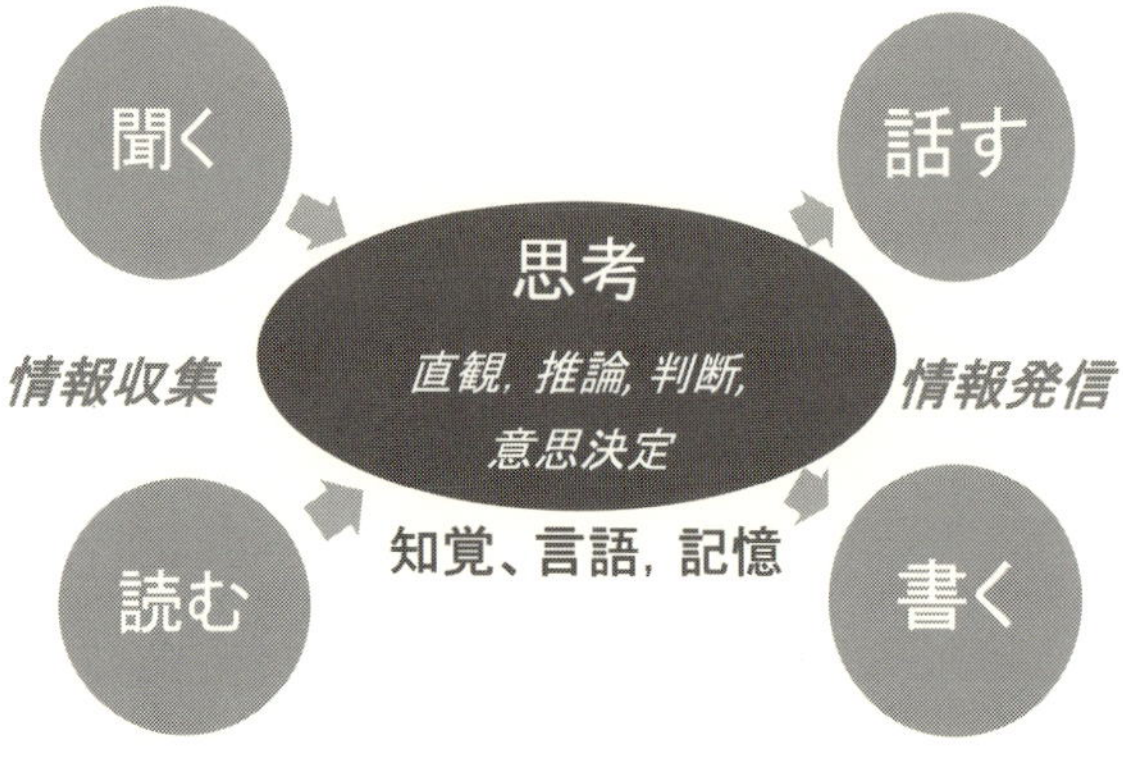

図 4-1　認知に関わる 4 活動

本章では、認知心理学にもとづいて、第一に直観的思考、第二に批判的思考の特徴を説明し、第三に、よりよい意思決定をする方法を考えます。

2　直観的思考とは

私たちは、初対面の人に出会ったときに、その人の容姿の魅力や好き嫌いを、直観的に、自動的に判断しています。容姿や好き嫌いを判断してはいけないと思っても止めることはできません。さらに、その人による皆の前での流れるような発表を聞くと、その人を好意的に判断することがあります。もしこれが、面接試験、投票、裁判員としての求刑の場面だとすると、その人が信頼できるかなどについて、複雑な判断をする必要があります。しかし、私たちは、容姿や発表のうまさなどの目立つ特徴の評価を、より複雑な判断と置き換えて、直観的に判断してしまうことがあります（光背効果ともいいます）。したがって、複雑な判断では、十分な情報を集めて、目標に照らして批判的に検討することが大切です。そして、自動的に働く直観を修正することが必要です。

図 4-2 に示す二重プロセス理論では、自動的プロセスとコントロールされたプロセスが並列的に働くことを仮定します。システム

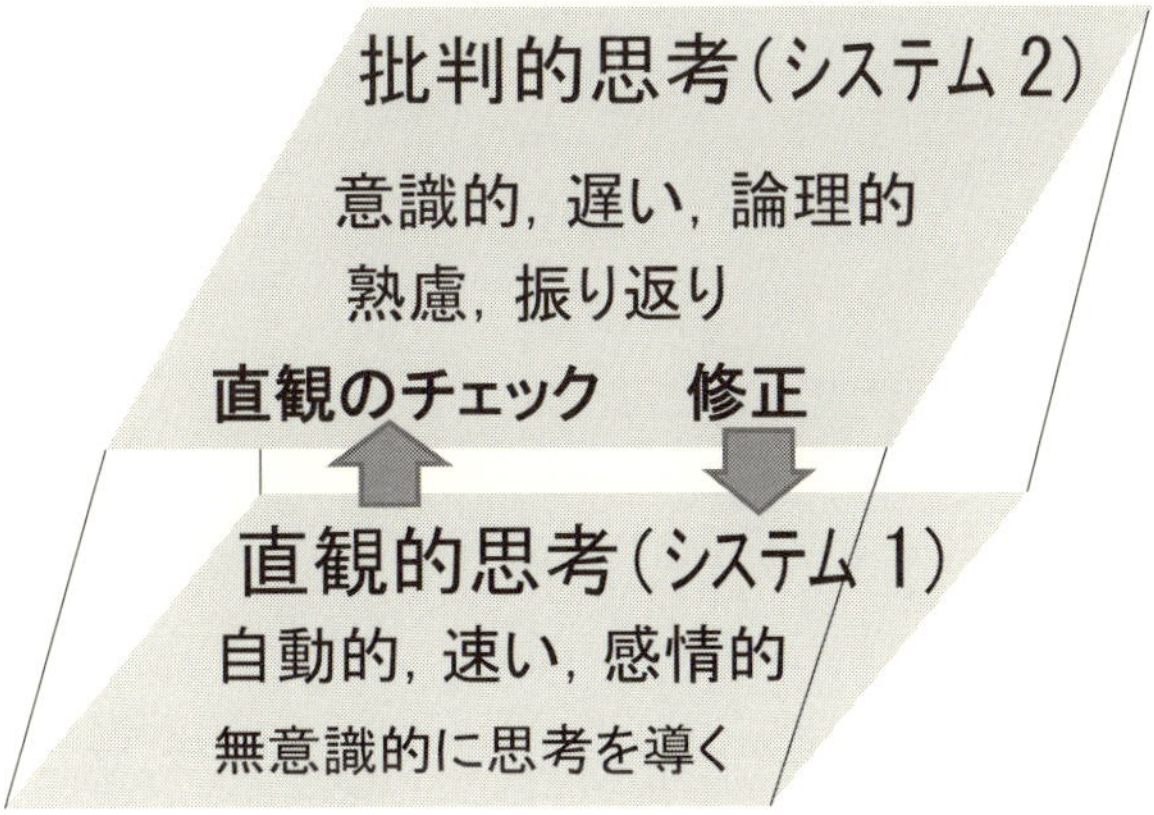

図 4-2　直観的思考と批判的思考の二重プロセス

1は、直観であり、認知的努力なしに、いつも働いている素早い全体的判断です。後で述べる発見的探索法であるヒューリスティックはその例です。システム2は、自分の思考過程について意識的なモニターをおこない、ルールにもとづいてゆっくり推論します。そして、システム1の直観的判断をチェックし、バイアス（偏り）があれば修正します。自分の判断のバイアスに気づいて修正するには、人が間違えやすい場面を知っていたり（メタ認知的知識）や確率や論理を正しく判断するための規範的規則を使う習慣をもっていたりすることが重要です。[2][3]

　イスラエル出身の心理学者であるトヴァスキーとカーネマンは、直観的推論に関する一連の研究をおこない、発見的探索法であるヒューリスティックとして、つぎの三つを明らかにしています。ヒューリスティックとは、判断や問題解決をおこなう際に、規則にしたがった計算手順（アルゴリズム）によらず、時間のかからない近似的な解や（最善の解が得られないときの十分に良い）満足できる解を得るための方法です。これは、情報処理能力や知識、時間の制約があるときに使われます。うまくいくことも多いのですが、かならず正答を導く保証はなく、時には系統的なまちがい、バイアスを引き起こすことがあります。こうしたことを、彼らが大学の教室などでおこなった実験の課題を体験しながらみていきましょう。[1][2]

利用可能性ヒューリスティック

例1　英単語において、ｒの文字の頻度はつぎのどちらが多いか考えてください。

ｒの文字は英単語の1文字目の方が多い
ｒの文字は英単語の3文字目の方が多い

あなたが考える二つの頻度の比は？　（　　）：1

結果は、実験参加者152人中105人が、ｒが1文字目で始まる単語の方が多いと回答しました。彼らは、ｋ、ｌ、ｎ、ｖについても同様の結果を見いだしています。そして、頻度の比についての推定値の中央値は2：1でした。しかし、実際に多いのはいずれも3文字目の単語の方です。1文字目の単語の数が3文字目よりも過大評価されるのは、1文字目の単語の事例（例：road, rock, red）の方が、3文字目の単語の事例（例：corner, service, target）よりも思い出しやすいためです。

例2　実験参加者は39名の名前のリストを聞かされた。19名は有名な女性の名前（女優の名前など）、20名は有名でない男性の名前（政治家の名前など）であった（もう一方の群では性別と有名さの組み合わせが逆）。そして、名前のリストのうち、男性名と女性名のどちらが多いかを尋ねられた。

結果は、実験参加者99人中80人が女性のリストの方が多かったと判断しました。女性（有名人）の名前は平均12・３人の名前が再生されたのに対し、男性（無名人）の名前は8・4人でした。このことは、思い出しやすさ（再生量）が頻度の判断に影響を及ぼしていたことを示しています。

また、別の例になりますが、航空機の墜落事故が起きた直後は、その事故のイメージが鮮明に思い浮かぶため、航空事故が起こる確率が高いと判断されて、航空機の利用客が減ることがあります。

このように人は、事例が思い出しやすければ、また、思い出した事例が多いと、その事例の生起頻度や確率が高いと判断する傾向があります。こうした事例の検索のしやすさ、あるいはしにくさという主観的経験や思い出した事例数にもとづいて、事例の頻度・確率などを判断することを、利用可能性ヒューリスティックといいます。一般に頻度が高い事例は低い事例よりも思い出しやすいのですが、思い出しやすさは、事例の頻度情報以外の影響（たとえば、事例の実際の頻度と個人の接触頻度の違いや、覚えやすさや思い出しやすさの違い、記憶自体の不正確さなど）をうけることがあるので、バイアスが生じることがあります。

代表性ヒューリスティック

例３　コインを６回連続した投げたとき、つぎのどちらの系列が起こりやすいか？

Ａ　表裏表裏裏表

Ｂ　表表表表裏表

多くの実験参加者は、Ａの系列の方が、Ｂの系列よりもコイン投げのランダム性を代表しているため、より起こりやすいと考える傾向がありました（実際は両方とも生起確率は1/2の6乗）。さらに、「表表表表表表」のように「表」が6回続いた系列において、次の試行では「裏」が出る確率が高いと判断する錯覚を「ギャンブラーの錯誤」といいます。しかし、確率は過去の結果の影響は受けず、毎回独立で、50％です。

例4　1日15人の赤ちゃんが生まれる病院と45人の赤ちゃんが生まれる病院では、1日に生まれた赤ちゃんの60％以上が男児である日が1年間のうちで多いのは？

A　大きい病院
B　小さい病院
C　ほぼ同じ

ここで、生まれてくる赤ちゃんが男児・女児である比率が50％であることは典型的なことと私たちは考えています。これは、日本全体において生まれる赤ちゃんの統計データのように、サンプルサイズが大きいほど、男児・女児の比率は50％になります。一方、一日10人の赤ちゃんしか生まれない小さな病院では、男児・女児がちょうど5人ずつ生まれることもありますが、6人と4人、7人と3人と4人など、どちらかの赤ちゃんが、多く生まれることもあります。しかし、人は、典型的な性比である50％が、サンプルサイズの大小にかかわらず、同程度に起こると考え、Cの同じ確率と判断する傾向がありました（実験参加者中53％）。しかし正解はBです（正解者は21％）。小さいサンプル（15人の病院）の場合ほど、赤ちゃんの出産における典型的な比率の50％からずれることが多いのが事実です。

例5　リンダは31歳、独身で外向的で、とても聡明である。彼女は大学で哲学を専攻し、差別撤廃、社会的正義に関心をもち、反核運動に関わっていた。以下の八つの記述のうち、可能性（見込み）が高いと思う順番に1から8までの順位（1が最もありそうで、8が最もありそうもない）をつけてください。

リンダは小学校の先生である
リンダは本屋で働いていてヨガ教室に通っている
リンダはフェミニスト運動をしている（F）
リンダは精神保健福祉士である
リンダは女性有権者同盟のメンバーである
リンダは銀行の窓口係である（T）
リンダは保険外交員である
リンダは銀行の窓口係でフェミニスト運動をしている（T&F）

リンダの人物記述は、フェミニスト運動家（F）としては典型的ですが、銀行窓口係（T）としては典型的でないように構成されています。実験参加者の大学生は、フェミニスト運動家（F：可能性の平均順位２・１）の方が銀行窓口係（T：６・２）よりも可能性が高いと判断しました。さらに、単独事象（T）よりも連言事象である「リンダは銀行の窓口係でフェミニスト運動をしている」（T&F：４・１）の方が、より可能性が高いと判断しました（連言事象は二つの単独事象の確率の積であるから確率は低くなります。そこでこうした誤りを「連言錯誤」とよびます）。さらに、別の大学生に対して、上記の可能性の見積もりだけでなく、「リンダの人物記述が、前述の八つの職業などで記述された人たちの典型的な人にどの程度似ているか」にもとづいて順位づけをさせました。その結果、可能性の見積もりと典型との類似性の順位値の相関は高いことがわかりました。このことは、可能性の見積もりが、典型との類似性に置き換えられておこなわれたことを示しています。

このように、人は、ある事象の確率を直観的に判断するときに、ある事例が、その事象（母集団やカテゴリー）をどの程度代表している（あるいは典型的なものと類似している）かにもとづいて、その生起確率や頻度を判断します。これを、代表性ヒューリスティックとよびます。こうしたヒューリスティックが利用される理由は、代表性（典型との類似度）の判断は、確率判断よりも評価しやすいことがあります。すなわち、確率や頻度の判断において、判断しやすい属性（典型との類似度）に置き換えられて判断されることになります。しかし、代表性は、本来、確率判断に影響すべき要因ではないためバイアスが生じることになります。

係留と調整ヒューリスティック

例6　国連に属しているアフリカ諸国の比率を推定させる際に、最初に0～100の目盛りつきの回転盤を回し、針が示した65（または10）よりも推定値が大きいか小さいかを回答させる（針はどちらかの値を「偶然に」指すように設定しておく）。その次に推定値を答えさせた。

このときに、推定値は大きい数値65を与えた方が小さい数値10を与えたときよりも、高くなりました（中央値はそれぞれ45％、25％、正解は$\frac{53}{191}$＝28％）

このように人は、最初に与えられた値や直観的に判断した値を手がかり（係留点）にして、何らかの調整をおこない、確率の推定をします。しかし、この調整を十分におこなうことができず、初期値にとらわれてしまうことがあるため、推定した値にゆがみが生じてしまうことがあります。つぎの例7をみてください。

例7　AとBの二つのグループの高校生に対して、それぞれ、つぎのかけ算の式を黒板に書いて、5秒以内に解答させた。

A　8×7×6×5×4×3×2×1

B　1×2×3×4×5×6×7×8

実験では、Ａの方がＢよりも推定値（中央値はそれぞれ２２５０と５１２、正解は４０３２０）が大きいという結果でした。その理由は、最初の数ステップのかけ算をおこない、その値を係留点として、調整して、推定値を求めるためと考えられます。

こうした係留点によるバイアスはさまざまな実験で見いだされています。それは強固なバイアスであり、係留点の影響を受けないように警告したり、参加者自身がその値は偶然のもので情報価値がないと見なしてもその効果が現れます。こうしたバイアスが起こる理由は、係留点の方向の情報が取り出しやすくなることや、係留点からの調整に、心の働きの負担（認知的負荷）がかかるため、調整を十分できずに係留点に近い判断をしてしまうことが考えられます。たとえば、私たちが買い物をするときに、値札に定価が書いてあって、それを消して値引き後の価格が書いてある場合があります。そのとき、私たちは、定価を係留点として安いかどうかの判断の手がかりにします。しかし、定価は、本当の価格ではなく、消費者に安いと思わせるための係留点かもしれません。

こうしたヒューリスティックスによるバイアスは、自分では自覚しにくい傾向があります。自分は他の人よりもバイアスを起こしにくいと判断する傾向をバイアス盲点といいます。こうしたバイアスを防ぐには、直観にもとづく解を、立ち止まって再吟味する**図４－２**のシステム２にあたる批判的思考が重要です。

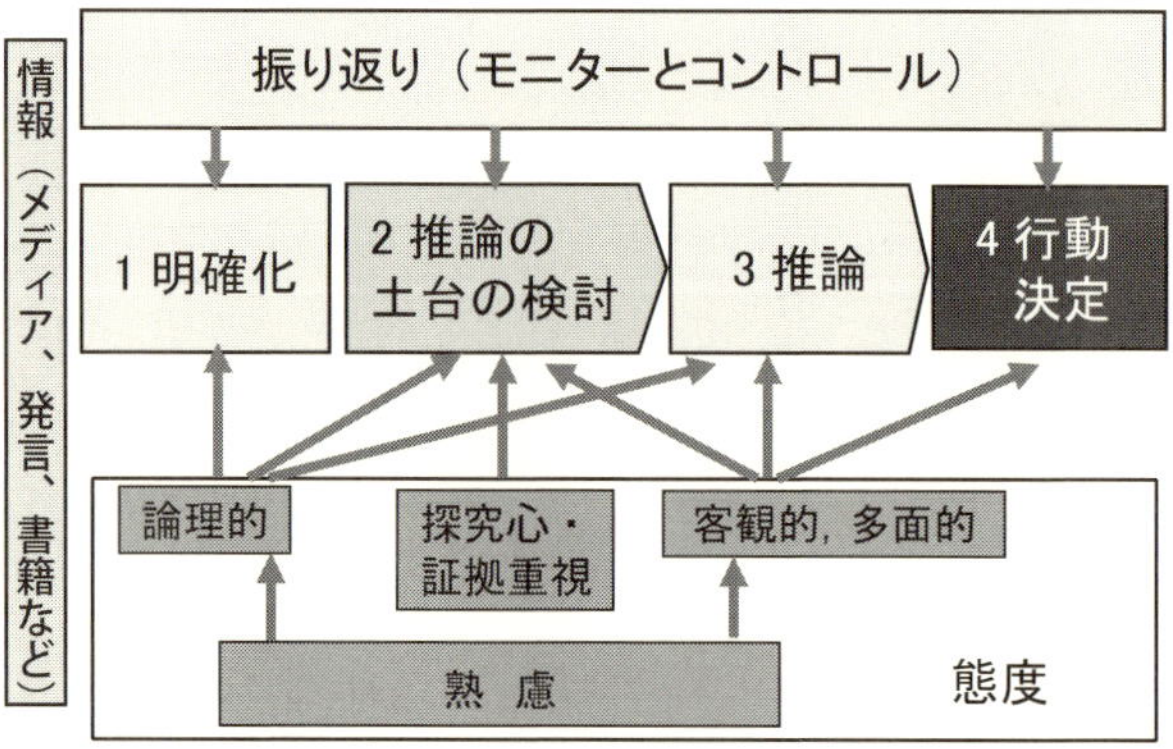

図４−３　批判的思考のステップと態度

3 批判的思考とは

批判的思考（クリティカルシンキング）とは、多面的、客観的にとらえ、筋道を立てて考える、論理的で偏り（バイアス）のない思考です。「批判」というと「相手を非難する」イメージがありますが、そうではありません。むしろ自分の思考を意識的に吟味する内省的思考です。批判的思考は、何を信じ、主張し、行動するかという適切な意思決定を支える思考でもあります[4][5][6]。そして、システム１の直観に偏りがないかをモニターして修正する熟慮的なシステム２にあたります（図４−２）。

ここでは、図４−３に示す批判的思考のステップを説明します[3][4]。

明確化――情報を明確にする

批判的思考では、まず人の発言を聞いたり、新聞や本などを読むときに、あいまいな言葉やわからない言葉はないか、言いたいこと（結論）は何か、理由（事実、証拠）は何かを自問自答したりすることが大切です。また、どんな事実の前提があれば議論が成り立つか（事実前提）、どんな価値観をもっていれば議論が成り立つか（価値前提）を明らかにする必要があります。話し手を目の前にしているならば質問をして，いなければ自分で調べることも必要です。

とくに隠れた前提を明確化することは，議論を正確に理解し，受け入れるべきか反論するかを判断するときに重要です。前提が隠されているのは，書き手や話し手が自明のことと思っていたり，読み手や聞き手を誘導するためのことがあります。つぎの発言において，隠れた前提は何でしょうか。

日本人の英語能力は低い。
だから，小学校１年生から英語教育をすべきである。

この発言の結論が飛躍しているのは，「だから」の前に前提が隠されているからです。そしてこの結論を受け入れられないと考えるのは，「１年生からの英語教育は英語力を向上させる」という事実に関する前提の相違や，「英語力を向上させるべきである」という価値に関する前提の相違などが読み手との間にあるためです。一方，ここで注意が必要なのは，隠れた前提が読み手の信念と合致している場合（この場合では，英語力を向上させるべきで，１年生からの教育は英語能力を向上させるという信念を読み手ももっている場合）には，批判的思考を働かせずに，十分な吟味をしないで，結論を受け入れてしまうことがあることです。

推論の土台の検討——情報が信頼できるかを判断する

情報を明確化した後で，その情報が信頼できるかを判断するためには，第一に，情報源が信頼できるかを判断する必要があります。まず，情報源として，人の信頼性を判断する場合には何が手がかりになるでしょうか。大学教授、博士、医師、有名人は、信頼されることが多く、テレビや広告にも登場することが多くあります。しかし、肩書きや有名かどうかだけで信頼するのではなく、発言内容と専門が一致しているかが重要です。その人の発言が心理学のことであるならば、心理学の専門家であることが情報信頼性の判断において重要です。また、発言が、断定的で自信に満ちあふれていても、その主張が事実なのか意見なのか、他の意見はないのかをチェックする必要があります。

これらの情報の発信源がインターネット上のウェッブサイトの場合も同様の注意が必要です。発信者が誰か（例：政府、企業、研究者、市民）、また、誰に向けて（例：市民全体、支持者）、何の目的で発信しているのか（例：商業目的）を確認することが必要です。

情報源が、新聞やテレビなどの報道の場合は、インターネットや口コミとは異なり、編集段階でチェックをすることによって、間違いがないようにしています。しかし、人びとの注目を集めるために、事実を誇張した見出しがついていたり、情報源となるデータが次に述べる科学的方法に照らすと適切な方法で集められていなかったりすることがあります。

第二は、報道や広告で述べられている調査や実験のデータそのものが信頼できるかを判断することです。ここでは、科学的方法をとっているかが重要です。たとえば、たくさんの人数で調べているか（例：テレビの情報番組がおこなう10人程度の実験では少ない）、調査対象に偏りがないか（例：読者アンケートの結果は特定の集団だけの結果）、比較のための対照群はあるか、チェックのある専門学術雑誌に発表されているかは大事なポイントです。また、大規模な調査データでは、統計的に意味のない小さい差（誤差と考えられる違い）について、その大小や順位を議論してはいけません（たとえば、ＯＥＣＤ生徒の学習到達度調査ＰＩＳＡ二〇一二年の数学的リテラシー得点は、日本は５３６点で参加国のなかで7番目に高いが、マカオ５３８点、リヒテンシュタイン５３５点、スイス５３１点とは統計的に意味のある差はない。したがって順位は6位から9位の間になる）。また、同じことに関する調査でも、調査者の立場や、質問の仕方（たとえば、意見を聞くときに「どちらともいえない」の選択肢をいれるかどうか）によって結果が異なることがあります。

さらに、異なる情報源の間で情報の内容が一致していることで、情報の信頼性が高まります。そのためには主張を支えている証拠を多面的に探究し、主張を確証する情報だけでなく、反対する情報を探究することが大切です。

推論――根拠となる情報から正しい結論を導く

推論においては、第一に、過度の一般化をしないで、幅広く、偏りのないように多くの情報を集めることが大切です。目立つ一部を見て、強調し全体に広げてしまうことがあります。ある集団に対して固定（ステレオタイプ）的な見方をしてしまうことはその一例です。「Ｐ高校の生徒は□□である」という言い方は、本当はさまざまな生徒がいるにもかかわらず過度の一般化をしてしまったものです。第二は、原因の説明を単純化しないで、多面的に考えることです。たとえば、「Ｃ君が非行をした原因は○○だからである」という説明は、複数の原因が連鎖している非行の原因を一つに単純化してしまっています。第三に、推論過程を簡略化しないことです。たとえば、「もしＡでなければＢである」という二者択一の主張はＡ以外のさまざまな選択肢があることを見失ってしまうことになります。この場合には、「もしＡでなければ、ｎｏｔ Ａである」として、「Ａでない」ことがらを考えるべきです。また、価値判断をするときは、背景にある事実や起こりうる結果、重要性の違い、倫理的な問題などを幅広く考慮して、それらのバランスをとりながら判断をおこなうことが大切です（例：脳死段階での臓器移植の判断）。

批判的思考において大事なステップは、このように推論によって、結論を導くだけでなく、つぎに述べる意思決定や行動決定をすることです。

4 意思決定とは

意思決定のステップとチェックポイント

批判的思考の最終段階として、意思決定や行動決定があります。そこではつぎのようなステップがあります。

① 問題を定める

第一は、問題があることを見つけ、解決のために向き合うことです。たとえば、生活、勉強、部活、人間関係などで改善したいと思っていること、将来何になるかの進路を決めることなどは、解決すべき問題になります。

② 判断のよりどころとなる規準を選ぶ。

ここでは多面的に考えることが大事で、幅広く規準を選ぶことが大切です。たとえば、進路選択の規準には、自分自身の目的、関心や夢、進路先のもつ制約条件としての受験科目、学費などがあります。現実をよく観察して必要な情報を集め、選択肢のもつ不可欠な特徴（例：○○学を学ぶことができる）と望ましい特徴（例：キャンパスが美しい）を区別することが重要です。

③　現実的な選択肢を網羅的に複数あげ、選択肢を検討し評価する。

複数の選択肢を考えるときには、選択肢とそれぞれがもつ特徴を、紙に書き出して、比較をして、考え抜くことが大切です。

④　何をすべきかの仮の決定をして、何が足りないかを吟味する

たとえば、志望校を仮に決めて、情報が足りない場合には、さらに情報を集め、学力が足りない場合には、向上させるための方法を考え実行します。

⑤　うまくいっているかを振り返り、最終的な決定として実行する。

ここでは、状況全体を考慮したうえで仮の決定の再検討をおこない、必要に応じて前のステップに戻ります。

良い決定の規準

良い決定をするためには、どのような決定が良いかを評価する必要があります。決定の評価規準には、以下のものがあります[1]。

第一は、（主観的期待）効用最大化の規準です。たとえば、複数の商品から購入する商品を決めるときに、商品の効用（主観的な望ましさ）を比較して、それが最大になるものを選ぶことです。効用が不確実で、（主観的な）確率で表現できるときは、効用に（主観）確率をかけた（主観的な）期待効用を最大化することになります。たとえば、A大学とB大学のどちらを受験するかを決めたりするときには、入学したときのうれしさ（効用）と合格の可能性（確率）をかけた値が大きい方を選ぶという考え方です。

第二は、リスク最小化の規準です。損失の大きさと損害の確率が最も小さい選択肢を選ぶことです。これは、損失を避けたい場合や危険を避けたいという価値観をもつひとが、投資、経営、治療法の選択などにおいて用いる規準です。

第三は、満足化の規準です。これは、多数の選択肢が一つずつ出現するときに、そのなかから選ぶときにつかう規準です。これはあらかじめ適切な要求水準を設定し、その水準を上回る満足できる選択肢に出会ったときに、探索を停止して決定することです。これは、選ぶ活動をいつやめるかという停止問題でもあります。効用を最大化する選択肢を選ぶことが、時間や情報の制約から難しい決定場面で使います。たとえば、アパートの部屋を探すときに、一部屋ずつ選択肢であるアパートの部屋を見ていき、満足する部屋が見つかった時点で契約する状況です。同じことは、結婚相手を見つけるまで、見合いを繰り返す状況にも当てはまります。

第四は、多重制約充足の規準です。意思決定においては、選択肢から自由に決定するというよりも、制約を満たすような決定をする必要があります。たとえば、大学を選ぶときは、学力、学びたい学問、学費、所在地などの制約を考慮に入れて決めます。制約が多いときには、「決める」のではなくて、制約条件によって選択肢が狭まって自然に「決まる」こともあります。

最後は、後悔最小化の規準です。後悔とは、決定後に選んだ選択肢と選ばなかった選択肢を比較することによって生じるネガティブな感情です。たとえば、友達から旅行の誘いを受けた場合、後悔がない決定をするように、旅行するあるいは旅行しないのどちらかを決める場合が、これにあたります[7]。この規準は、決定場面において、どちらの選択肢（例：行動するかしないか）を選べば後悔しないか（後悔の予期）を心のなかで思い描いて（シミュレーションして）判断するもので、私たちがしばしば使う方法です。そこで、つぎに、後悔のない決定をするにはどうしたらよいか考えてみましょう。

後悔のない決定をするには

後悔のない決定をするために、第一に考えるべきことは、行動した場合と行動しない場合はどちらが後悔するかという問題です。両者を比較すると、決定の直後は、行動した場合の後悔が大きく、時間が経過すると行動しなかった後悔が強くなる傾向があります。たとえば、好きな人に告白して、失敗した場合、その恥ずかしさで、直後は告白したことを後悔します。しかし、行動したことによる後悔は、時間が経つと恥ずかしさは薄れ、告白してだめだったことであきらめがつくことがあります。しかし、告白しなかった場合は、時間がたっても、「もしあのとき告白しておけば」という後悔がいつまでも残り、その人への思いに終止符をうてないことがあります。第二は、熟慮しないで決定したときの後悔は大きくなることです。たとえば、大事な決定（例：学校選択）を直観で決めて失敗したときには、じっくり考えれば良かったと後悔することになります。第三は、いつもと違うことをおこなったことによる後悔は大きいということです。たとえば、学校に行くときにいつもと違う道を通って交通事故に遭ったときは、いつも通る道を通って交通事故に遭った場合よりも後悔が大きいことです。

ここまで、後悔のない決定をする方法を三つ述べましたが、意思決定の結果は、うまくいくとは限らず、後悔が起こることは避けられないのが人生です。そのようなときのためには、①予想される悪い結果と後悔を書き出しておく、②行動したことによる後悔からの回復は早いことを知っておく、③後悔は「つぎは失敗しないように○○しよう」というように行動の改善につながると考えておく。そして、④選ばなかったものについて後悔しすぎないようにする。そして、選んだもののよい面を見るようにする――ことによって後悔を小さくすることができます。

つぎに、こうした後悔の特徴を踏まえて、よりよい決定をおこなうための方法を考えて見ましょう。

よりよい意思決定をするには

ここでは、アメリカの心理学者シュワルツ(8)の提言にもとづいて、よりよい決定をする方法を考えて見ます。

①　考えるべき時を選ぶ

批判的に考えて意思決定をすることは、時間もかかり心理的に消耗もします。したがって、大事な決定かどうかをまず判断して、進路や高額な買い物などの大事なときに、時間をかけて考えましょう。一方、大事でないことについては、直観で決めることは、時間や心理的な負担を小さくできます。

②　自分で決める

自分で決めないで、人に決めてもらったときは後悔が大きくなります。アドバイスをもらって、多面的に考えることは重要ですが、最後は自分で決めましょう。

③　場合によっては、満足できるものを目指して、一番良いものを無理に目指さないようにする。

先に述べた意思決定の最大化規準よりも満足化規準をとることによって、時間的、心理的な負担を小さくし、後悔を少なくすることができます。

④　良いものも手に入れると慣れてしまうことを見越す。また、期待はほどほどにする。

良いものを手に入れた当初はうれしいですが、しだいにそれが当たり前になり、うれしい気分は低下します。また、期待をしすぎると実際に選んだものを手に入れたときに、高い水準の期待とのギャップによって失望することがあります。逆に期待をしていないときに、予想した以上に良ければ、喜びを感じることになります。

⑤　他人との比較もほどほどにする。

せっかく良いものを手に入れても、自分よりも良いものを手に入れている人と比較しすぎると満足度が低下してしまいます。

5　まとめ

最後にまとめとして、高校生の皆さんが、どのようにすれば、よりよく考え、一つひとつの良い決定を積み重ねて、目標に到達できるようになるかを、つぎの五つのことがらにもとづいて考えてみましょう。

第一は、自分の直観が正しいかを、意思決定や行動をする前に立ち止まって批判的思考（システム２）でチェックすることです。２節で述べたように、直観的思考（システム１）は、ヒューリスティックを用いた、迅速で省力的な思考です。うまくいくことも多いのですが、系統的バイアスが生じることもあります。また、自分自身では、そのバイアスに気づきにくいという問題がありますので、どのようなときに誤りが起きやすいかを知っておくことが大切です。

第二は、論理的、批判的に考える方法を身につけることです。３節で述べたように、情報を明確化する、情報の確かさを確認する、根拠となる情報から正しい結論を導くことが、適切な意思決定をおこなうために必要なステップです。

第三は，批判的思考態度を身につけることです。図4‐3の下のボックスに示すように批判的思考態度には以下のものがあります。①じっくり立ち止まって考える熟慮的な態度は，土台となる重要なものです。これは第一に述べた直観的な答えに飛びついたり，情報を鵜呑みにしたりしない態度です。②自分の思考のステップに注意を向け論理的に考えようとする態度は，第二で述べた方法を実行するために大切な態度です。そして，それぞれの思考のステップでは以下の態度が重要です。③さまざまな情報や知識を求め，多様な考え方に関心をもつ探究心，④信頼できる事実や証拠にもとづいて判断しようとする態度，⑤多面的に考えているかを振り返り，思い込みがないか，主観にとらわれず偏りのない判断をしようとする客観性です。

第四は，意思決定における重要な場面では，なるべくたくさんの選択肢から，十分に比較をおこなって決定をおこなうことです。４節では，後悔のない意思決定をおこなうためにはどうしたらよいかを述べました。しかし，決定の結果はうまくいくとは限りません。そうした場合こそ，決定にいたる自分の考えと経験を振り返り，それを書き留めておくことが大切です。反省点や教訓を書いておき，読み返すことは，あなたの経験を活かし，意思決定の能力を向上させることにつながります。

最後になりますが，思考の認知心理学を学ぶことは，心理学の実験や調査のデータにもとづいて，人の思考の特徴を理解し，その上で，よりよく考え，よい意思決定をすることにつながります。皆さんが，心理学をさらに広く深く学ぶことによって，よりよい人生と社会を実現するための意思決定ができるようになることを願ってやみません。

第5章 感情心理学
——人と人が出会うとき

1 感情の心理学

心理学の専門家として仕事をしている人に、どうして心理学を学ぼうと思ったかをたずねてみると、みなそれぞれに印象深いエピソードがあります。

現在、アメリカの大学で活躍している知り合いの認知科学者は、高校生のときに出会った一冊の本が、心理学を勉強しようと決心したきっかけだったそうです。その本は、『コンプレックス』[4]。高校時代、自分の性格や生き方に悩んだときに出会い、夢中になって読んだのがこの本だったといいます。さまざまな感情的わだかまりが作り出す心の葛藤、それに気づくことのむずかしさ。現在は認知科学者として、脳計測や行動実験で心の仕組みの科学的解明に取り組んでいる知人ですが、心理学に関心をもつ出発点になったのは、意識にのぼらない心の働きや感情の不思議さだったのです。

心の働きを「知、情、意」つまり知性、感情、意思の三つに分けてみたとき、20世紀後半にもっとも研究が進んだのは、人の知性についてでした。知覚、認知、記憶、思考、意思決定といったさまざまな側面から研究が進んで、他の動物にはない人間の知性の特徴が、その強み、弱みを含めて、かなり明らかになってきています。(3)

19世紀の末、イギリスの経済学者マーシャルが学生に向けて語った、「冷静な頭脳と温かい心をもて」という有名なことばがありますが、20世紀後半の心理学は、「冷静な頭脳」、つまり認知のはたらきに関する研究を中心に進んできたといえます。その一方で、私たちが毎日の暮らしの中で経験する悩みや困りごとの多くは、自分や他者の感情に関わることが多いのではないでしょうか。心理学の専門家を除けば、心について知りたいことの多くは、マーシャルの言葉の「温かい心」に関連するところではないかと思います。

認知の研究に比べると少し遅れをとっていた感のある感情の研究ですが、１９９０年代以後、新しい研究成果が次々に発表されるようになりました。その一番のきっかけは、脳機能イメージング（核磁気共鳴機能画像法〈functional-magnetic resonance imaging: fMRI〉）といった、人の脳の神経活動を明らかにする新しい研究手法が開発されたことです。脳機能イメージングは、人が何かの課題を行っているときの脳内の血流の変化を画像化して、人の認識や運動に関わる脳の部位を調べる研究手法です。それが心の研究に広く利用されるようになったことで、感情心理学の分野にも大きな変化が生まれました。

本章では、感情の変化を表す身体装置である「顔の表情」を取り上げて、感情と表情の関係や、表情とミラーシステムについてお話しします。最近の表情認知の研究から分かってきたことや、病院で実施した、看護師さんの表情コミュニケーション研究についてもお話ししたいと思います。

2　表れる表情、伝える表情

私たちは、目の前にいる人の心を知りたいと思ったとき、まず顔を見て、表情の変化に注目すると思います。自分の言った言葉をどう受け止めてくれたのか、自分のことをどう感じているのかを知りたいと思えば顔を見ますね。もちろん、ことばで直接たずねることもできますが、顔を見る。それは、相手が何も話さなくても、顔を見ればだいたいその人の感情状態が分かることを経験的に知っているからです。友達にプレゼントを渡して「ありがとう。うれしい」と言われたときに、ちょっと困った顔だったとしたら、あまり喜んでもらえなかったかな、と心配になるでしょう。逆に、「そんなことされたら困るよ」と言われてもうれしそうな表情だったら、喜んでもらえたに違いない、と安心するのではないでしょうか。社交辞令が言えることばよりも、困った表情やうれしそうな表情に、その人の本心が表れていると思うからです。

一方、表情には、そのときどきの感情をそのまま表すだけでなく、自分の気持ちを能動的に他者に伝える機能もあります。たとえば、あまり元気のないときでも、まわりの人に心配をかけたくないと思えば、わざと平気そうな顔を装ったり、笑顔を作ってみせることもできますね。表情をつくれば、落ち込んでいるという「本音」を隠すことができるのです。このように人の顔の表情には、自然な感情の表示と、メッセージの意図的な表示、という二つの少し性質の異なるはたらきがあります。

自然な表情と意図的な表情は、どちらも人の顔にある20数種の表情筋によってつくられます。感情の変化によって表れる表情は、感情の中枢である大脳辺縁系から表情筋に伝えられる信号によって制御されており、意図的に作る表情は補足運動野など大脳新皮質から表情筋に伝えられる信号によって制御されています。

人の表情筋がこのようにある程度独立した２系統の神経システムで制御されていることを裏付ける症例も報

告されています。大脳皮質の補足運動野という部位に障害のある患者さんは、「笑顔を作ってください」といっても、意図的に表情筋を動かすことができないため、うまく笑顔をつくることができません。その一方で、冗談を聞いたりすると、ごく自然に笑顔になります。一方、大脳辺縁系に障害のある患者さんでは、感情の変化に伴う自然な表情は失われますが、意図的に表情筋を動かして笑顔やしかめ顔をつくることはできるのです。

表情には、真の感情も表れるけれど、「意図した」感情も見せられる。このことが、他者の心を正しく読み取ることを難しくしているともいえます。感情と表情の研究を長年行っているアメリカの心理学者エクマンは、心からの笑顔と、作り笑いの笑顔のビデオを詳細に比較分析して、「目が笑っているかどうか（眼輪筋の収縮の有無）」がクリティカルな違いだと述べています。[1][2] 心からの笑顔かどうかは、目を見れば分かるというわけです。

もし、表情を見たときにいつもそれが真の感情なのか意図的につくった表情なのかを見分けないといけないとしたら、ちょっと面倒なことですね。表情は、「真の感情が自然に表れる」というシンプルな表出機能だけのほうが、相手の表情を誤解することもなくて良かったのでは……と思われるかもしれません。ですが、表情筋を意図的に動かしてさまざまな表情が作れることや、それによって自分の気持ちを相手に伝えることのできるすばらしさは、たとえば言葉の通じない外国にいったときには痛感されると思います。表情を少し動かすだけで、感謝や喜び、困惑、不満といった自分の気持ちを表現でき、その表現が人種の違いや文化の違いを超えて、普遍的に理解し合えるのです。もし、そうしたやりとりがまったくできなかったとしたら……と想像してみると、意図的な表情表出が、人間同士のコミュニケーションにとって大きな意味をもっていることが実感できるのではないかと思います。

3　表情から感情を読み取る

携帯やメールでのやりとりが当たり前のコミュニケーションツールになっている現代ですが、一日の生活の中で、まわりの人たちの表情や、鏡に映った自分の顔の表情をまったく見ない人はいないでしょう。１９６０年代にエクマンたちがさまざまな国で行った研究から、人種や文化が異なっても、人は喜び、悲しみ、怒り、嫌悪、恐怖、驚きといった表情を、ほぼ間違えずに認識できる、ということが分かりました。日本で行われた同様の研究でも、恐怖の表情が驚きと混同されやすいといった傾向はありますが、基本的な特徴は変わりません。表情を見れば、おおよそ、その人の心の状態が分かるのが、長い進化の過程で人間が獲得した、表情表出と表情認識のしくみです。

１９９０年代以後、表情認識に関連する神経機構として扁桃体の重要性を報告する研究が発表されました。扁桃体は、哺乳類の脳の奥にある神経核で、恐怖の感情喚起にとって重要な役割を果たします。たとえば、サルは、ヘビのように見える細長いゴムのおもちゃを急に眼の前に出すと、驚いて飛びのきます。危険なものを知覚すると、恐怖感情が喚起されてすばやくそれから逃げるのです。ですが、扁桃体が損傷を受けると、以前は恐怖反応の対象であったヘビのおもちゃを見ても、何の反応も示さなくなってしまいます。それどころか、手でつかんで噛みつこうとするなど、ふつうでは考えられない行動がみられます。

人間の扁桃体のはたらきも、恐怖の感情に強く結びついていて、危険なものを避け、身を守る行動をとるための重要な役割を果たしています。脳炎などの病気によって扁桃体の機能が低下してしまった患者さんでは、暴漢に襲われるといったような危うい経験をしても恐怖の感情が湧かないため、警戒心をもたずに相手に近づいていく行動がみられることが報告されています。

表情認識と扁桃体の関係についても，興味深い報告があります。扁桃体の働きに障害のある患者さんでは，恐怖や怒りの表情認識は困難になりますが，悲しみや喜びなどの表情認識には影響がないのです。また，健常な成人を対象とした脳機能イメージング研究でも，恐怖の表情写真を眺めているときに，扁桃体が活性化することが分かってきました。恐怖表情を見たときに，恐怖感情の喚起を担う扁桃体が活性化することは何を意味するでしょうか。恐怖の感情を感じているのは他者で，その表情を見ている人自身に，怖いと感じる出来事が起こったわけではありません。それでも，恐怖の表情を見ている人の扁桃体が活性化するということは，相手の恐怖の表情を見たときに，見ている人の心にも「怖さ」の感情が生じている，つまり相手の感情に共感するような反応が生じていることを示しています。人にはそのとき実際に自分が怖い経験をしているわけではないのに，恐怖の表情を見ただけで脳内に感情反応が生じることは，「生物としての人間の脳」の巧妙な仕組みといえます。

これは，第1章にあった，ミラーニューロンシステムの話にもつながります。１９９０年代に，サルの脳の働きを研究している研究者が面白い発見をしました。他のサルがエサをつまむのを見ると，見ているサルの脳では，自分がものをつまむ動作を準備するときに活動する神経ニューロンが活動するのです。この発見から，このニューロンは相手の動作を自分の動作に映して（なぞらえて）認識するようなニューロンという意味で，ミラーニューロンと名付けられました。人の脳でもこれと似た働きをするニューロン群があり，ミラーニューロンシステム，あるいはミラーシステムと呼ばれています。

他者の恐怖の表情を見たときに，恐怖の感情を生み出す扁桃体が活性化することは，人の脳の仕組みとして，他者の感情を自分の感情を通して理解する，共感のミラーシステムの存在を示しています。恐怖だけでなく，嫌悪の感情についても同様の仕組みがあることが分かってきました。たとえば，いやな匂いのする液体の匂いを嗅いだ人が嫌悪の表情を浮かべているのを見ると，見ている人の島（「とう」と読みます）皮質が活性化しますが、この脳領域は、その人自身がいやな匂いを嗅いだときにも活動します。このように、「怖いな」「いやだな」という感情を表す他者の表情を見ると、私たちの脳は、自分が怖い、いやだと感じるときと共通した反応をするのです。

他者の表情を見ることでその人が感じている感情を自分の感情として感じ取る仕組みをもっていることは、何百万年もの昔、先史時代を生きていた人類が、自分や家族の身を守り集団として生き延びるうえで役だっていたのではないかと考えられています。自分のまわりにいる人の恐怖表情から即座にその感情状態を感じとることができれば、その人が恐怖を感じた対象である、「危険なもの」に素早く対応することができるでしょう。また、食べ物を口にした人が嫌悪の表情で顔をしかめ、その表情を見た人が瞬間的に嫌悪感を感じてその食べ物を食べなかったとしたら、結果として、その人は身体に悪い食べ物を口にする危険を避けることができます。このように、相手の表情の表わす感情の意味を素早く感じ取る「他者への共感」の仕組みは、自己を危険から守り、他者と協力して危険を避けるなどの適応的行動をとるうえで必要不可欠といえるでしょう。

ところで、恐怖の表情を見たときに、見ている人の心にその表情と同じ恐怖の感情が生じたとしても、それだけでは、その人が恐怖の感情を感じたことは相手には分かりません。心のうちに感情が生じても、その感情が表出されなければ、まわりの人たちには伝わらないからです。最近の研究から、表情認知のミラーシステムは、感情だけでなく表情を見た人の表情表出にもかかわっていて、相手の表情を見ていると、見ている人の顔に表情の同調が生じることが分かってきました。たとえば、相手が眉をしかめたり、口角があがったりするのを見ると、見ている人の表情にも同じ動きが生れるのです。もちろん、相手の顔を見るたびにいつも表情の同調が生じるわけではありません。もしそうなったら、相手の表情と自分の表情が合わせ鏡のように同調し合うことになってしまいますね。表情同調は、ふだんの対面コミュニケーションのときには適度に抑制されています。表情の同調が生じやすいのは、たとえば大画面のスクリーンで、映画の登場人物が怒ったり笑ったりしている顔を見ているような場面です。主人公に感情移入しながら見ている自分の表情が、いつの間にか主人公と同じように、眉をしかめたり笑ったりしていることに気づいた経験のある人も多いのではないでしょうか。私たちの研究室で行った実験で、人が他者の表情を見ているときの、その人自身の表情をビデオ記録して分析してみると、怒りの表情を見ているときに見ている人の眉が寄ったり、喜びの表情を見ているときに口角が上がるといった同調がみられることが分かりました。また、脳機能イメージングを用いた表情認知実験からは、真顔から恐怖へと表情が変化する短い映像を見ているときに、ミラーシステムのある運動前野が活性化することも報告されています。運動前野は、筋肉を動かす準備をすることにかかわる脳領域です。表情を見たときには、感情のミラーシステムだけでなく、表情表出に関わるミラーシステムも活性化して同調が生じ、相手にも周囲の人にも、自分が同じ感情を感じていることが伝わるのです。

4　表情の心理実験から分かること

怒りの表情は見えやすく、喜びの表情は覚えやすい

はじめに述べたように、1960年代に始まった表情と感情の研究から、人は、人種や文化の違いを超えて、基本感情とよばれる、怒り、喜び、悲しみ、恐怖、嫌悪、驚きの六つの感情を表情から読み取ることができることが示されてきました。その後の表情認知に関する研究からは、たとえば、怒りの表情は他の表情に比べて「見つけやすい表情」であることや、喜びを表す笑顔の表情は、顔の記憶を促進する「覚えやすい」表情であることが報告されています。怒り表情の見つけやすさを報告した研究では、視覚探索という課題が用いられています。これは、複数の顔写真、あるいは顔図形を同時に見せて、それがすべて同じ表情だったか、異な

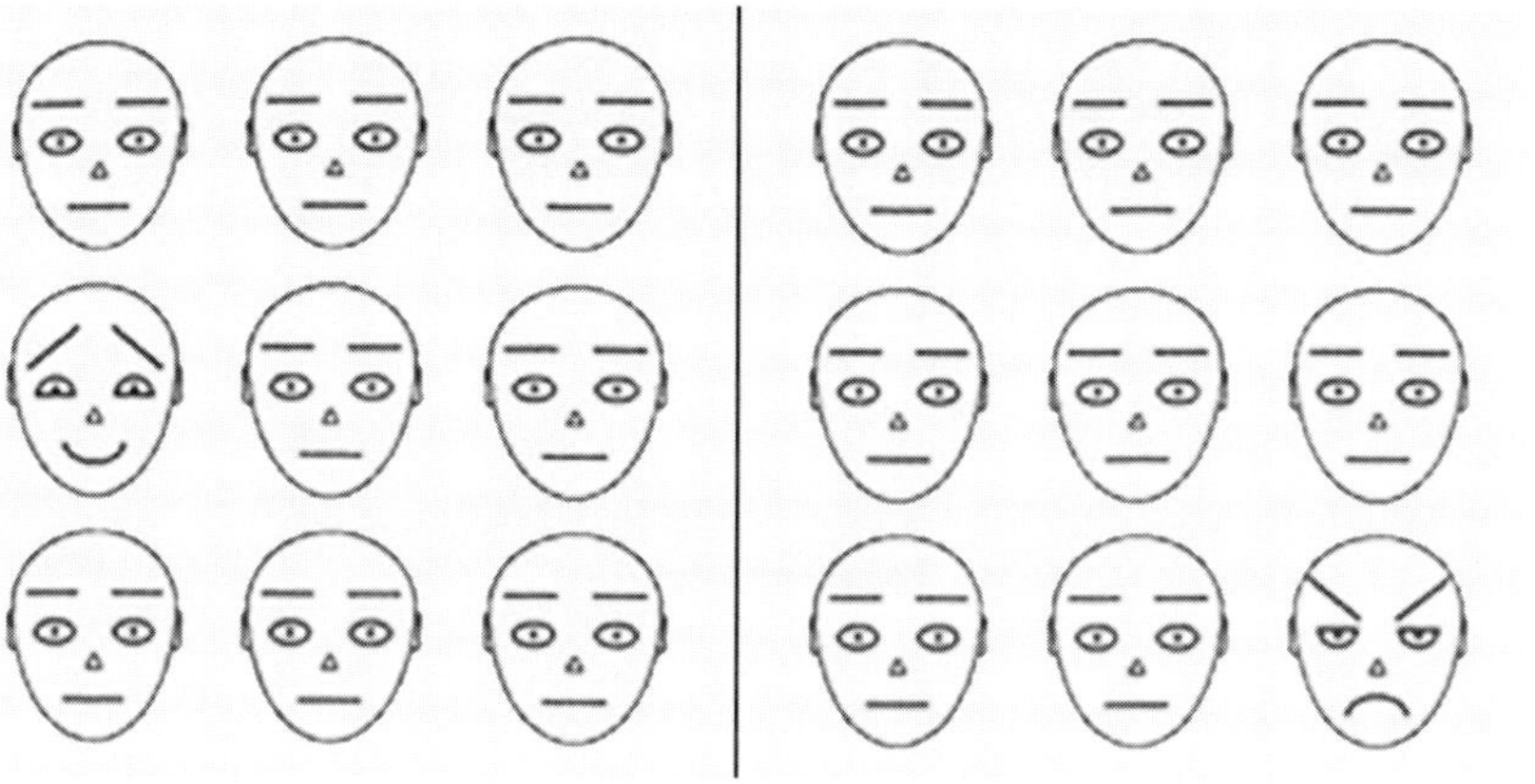

図 5-1　オーマンら（2001）が用いた顔図形[5]
左側に笑顔，右側に怒り顔の顔図形が１つ混じっている。

る表情が混じっていたかを「はい、いいえ」の2択で判断するという課題です。**図5-1**は、２００１年にオーマンたちが報告した実験で用いられた顔図形です。[5] 左の九つの顔図形のなかには一つ、笑顔が混じっています。右の顔図形のなかには怒り顔が一つ混じっています。この二つの刺激に対して「いいえ」の判断に要する時間は、左の顔図形よりも右の顔図形のほうが早いのです。

この図の笑い顔と怒り顔をよく見比べてください。それぞれの顔の眉、目、口の形は、上下に反転しているだけで、パーツとしての形状は同じです。つまり、この二つの顔図形は、知覚的な要素はまったく同一で、表している感情だけが異なっているのです。よって、怒り顔が混じっている刺激に対して「いいえ」と判断することが、笑い顔が混じっている刺激に対する判断よりも速いことは、私たちの視覚系が怒り顔を見つけやすいと結論することができます。なお、オーマンたちは、悲しみや狡猾さを示す顔図形を用いた視覚探索課題も行いました。これは、怒りの表情の「見えやすさ」が、不快感情を表す表情のすべてに共通するのか、怒り、という威嚇の意味をもつ表情に特有にみられるのかを調べるのが目的でした。その結果、怒り顔に対する判断がより正確で速く行われることが分かったのです。

一方、顔を見つける課題ではなく、顔を覚える課題で調べると、怒り顔ではなく、笑顔のほうが成績が良くなることが報告されています。顔を記憶するときに、表情がどんな影響を及ぼすかを調べる研究では、笑顔と怒り顔、中性顔（真顔）など表情の異なる顔写真を多数用意して、「これから画面に出る顔写真をよく見て覚えてください」と伝え、研究協力者として実験に参加した人たちに1枚ずつ提示します。その後、しばらく時間をおいてから、先に示した顔写真と、新しい顔写真を混ぜて1枚ずつ見せ、それぞれに顔写真に対して「見た」「見ていない」の2択で判断してもらい、正答率を出します。

この手続きは、再認記憶課題といって、顔の記憶を調べる研究で標準的に用いられる方法です。表情の異なる顔写真を用いて行った再認記憶課題の結果から、笑顔で見た顔写真の正答率が、他の写真に比べて高いことが分かりました。顔と名前の連合記憶を調べた場合でも、笑顔の顔写真の記憶成績が高いことも報告されています。つまり、この結果は、初対面の人に会って相手が笑顔だったときは、もう一度その人に会ったときに「前に会った」という判断がしやすい、ということを意味しています。

視覚探索のような「見つける」課題では怒り顔の成績がよく、再認記憶のような「覚える」課題では、笑顔の顔写真の成績が良くなるのはなぜなのか、この問いに答えるための研究が現在も続けられています。怒り顔の知覚優位性は、自分に対して危害を加えるかもしれない他者をすばやく見つけて危険から逃れるために役立つ心の働きです。一方、長期的な人間関係を作る可能性があるのは、友好的な表情である笑顔を自分に向けている人であることを考えると、笑顔の人物の顔の記憶成績が良いことも納得できます。

表情認識の研究をしたり、研究報告を読んでいると、「人間の心の仕組みは、本当によくできているな」と感心するような事実にしばしば遭遇します。怒りの表情は見えやすく、喜びの表情は覚えやすい、という実験結果などは、まさにそうした例の一つです。

相手の表情を見たときに、見る人のうちに喚起される感情の働きは、その人の顔を見たり記憶するプロセスにも影響しています。表情を認知する心の仕組みは、そのときの他者の心の状態を知るのに役立つだけでなく、一人ひとりの顔を識別し記憶するという、人間関係を作るために重要な心の働きを支える仕組みでもあるのです。

マスクをしたときの表情

次にお話したいのは、胸部疾患の専門病院に勤務する看護師さんからの相談に答えるために行った、表情認識の実験のことです。

あるとき、私の研究室に病院に勤める看護師さんから連絡がありました。マスクの着用が表情の認識にどういう影響を及ぼすのか知りたい、というのが問い合わせの内容でした。その看護師さんが勤務する病院は結核の治療を専門にしていて、感染を予防するために、病院ではいつも顔の下半分をしっかり覆う、大きなマスクを着用して仕事をしているそうなのです。入院している患者さんは、顔の半分以上が見えない看護師さんからケアを受けるのですが、マスクに隠れて顔の表情が見づらいことが、コミュニケーションを難しくしているのではないか、というのがその看護師さんの相談でした。

ですが、心理学で行われている標準的な表情認識の研究では、「マスクをしたときの表情」は扱いませんから、看護師さんの知りたいことにすぐに答えることができませんでした。そこで私たちは、実験で調べてみることにしたのです。

怒り、幸福、無表情の表情写真を準備して実験の計画をたてました。表情写真のうちの半数は、顔の下半分を隠して見えないようにします（図5-2）。マスクをしている看護師さんの顔はこんなふうに見えているだろ

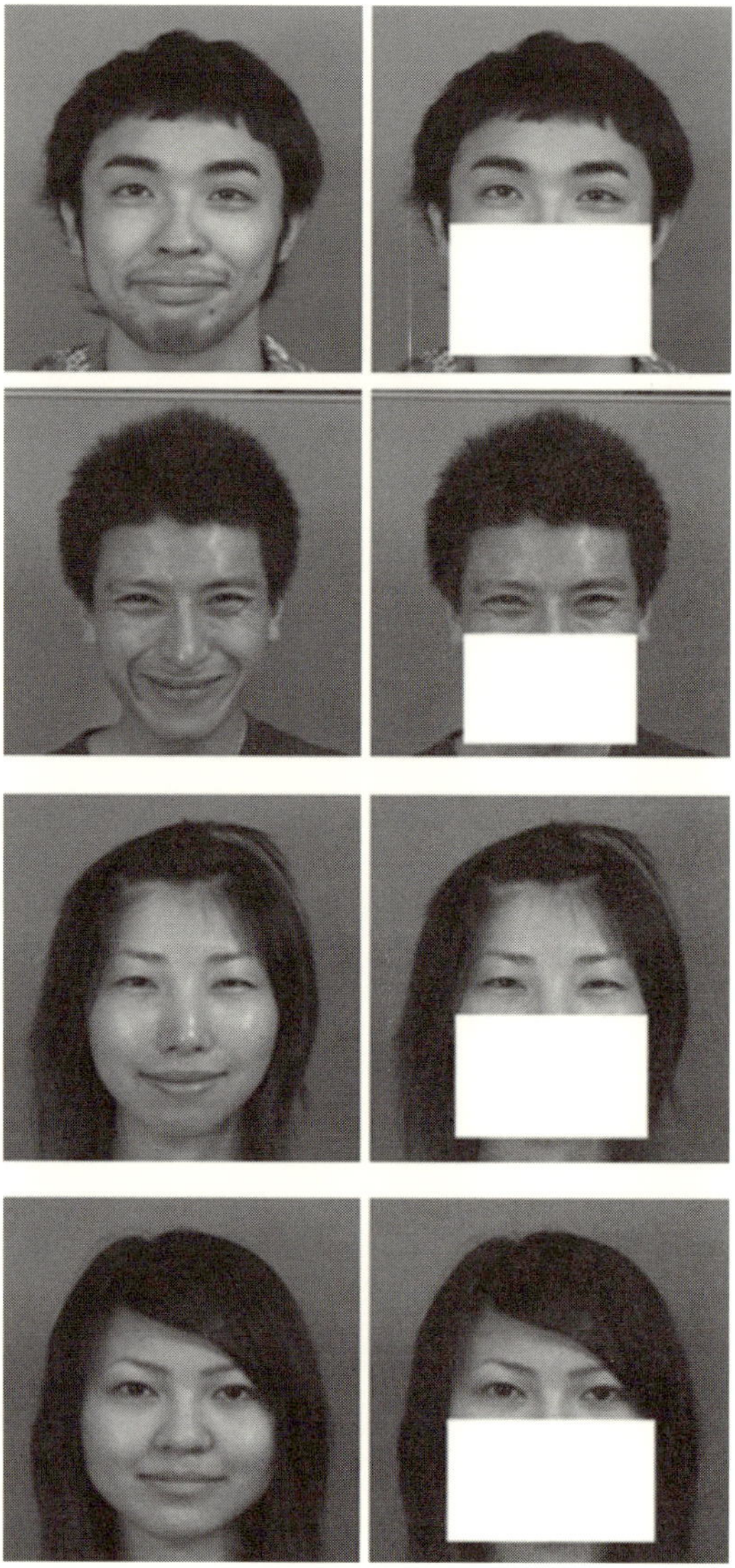

図 5-2　実験に用いた表情写真の例

う、という想定です。実験に参加してくれた協力者には、そのままの表情写真と、下半分を隠して見えないようにした表情写真をパソコン画面で順に示して、怒り、幸福、恐怖、驚き、悲しみ、無表情、分からない、の七つの選択肢から一つを選ぶように伝えました。

その結果が図5－3です。棒グラフのグレーのバーはそのままの表情写真（マスクなし）、黒いバーは下半分が隠された表情写真（マスクあり）です。横軸に書いてある表情の種類は、実験の協力者が選んだ表情カテゴリー、縦軸は選択の頻度です。一番上のグラフは怒りの表情に対する結果です。マスクありとマスクなしとでほとんど違いはありませんでした。一番下の、無表情の顔写真の場合も同様で、どちらの提示条件でも正解を選ぶ頻度がもっとも多くなっています。マスクの影響を一番受けやすいのは、幸福表情、つまり笑顔でした。マスクありのときには、正解の「幸福」を選ぶ数が激減し、無表情に分類することが多くなっているのが見てとれます。

では、このような結果に基づいて看護師さんにアドバイスをするとしたら、どんなことが言えるでしょうか？　私たちが考えた答えは、次のようなものでした。

「マスクをすると、笑顔の表情が分かりづらくなるので、患者さんを笑顔で力づけたりやさしい言葉かけをするときには、声のトーンやまなざしで十分に気持ちを伝えるように心がけるといいと思います。」

「患者さんに薬の飲み方や療養の注意などを伝えたいときには、マスクによって表情が分かりづらくなることのマイナス効果はとくにないので、マスクでことばが聞きづらくならないように、はっきりした声で話すことを意図することで対応できます。」

マスクによって自分たちが伝えたい感情が伝わりにくくなっているのではないか？　という看護師さんの疑

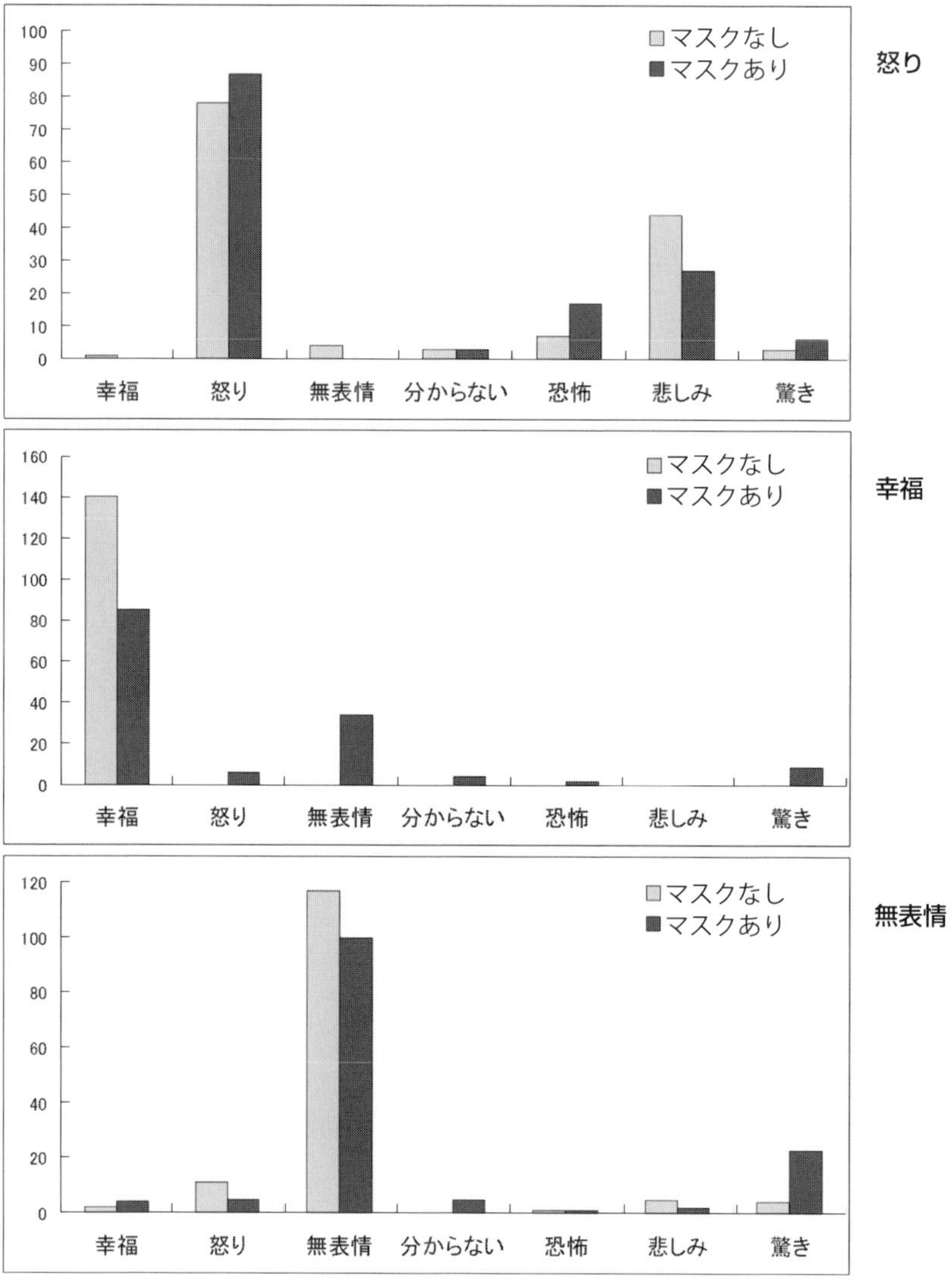

図 5-3　マスクなし，マスクありの表情判断の結果
縦軸は頻度。横軸は選択した表情カテゴリー。

問に対する端的な答えは、「表情から感情が読み取りにくくなるかどうかは、伝えたい感情の種類によって異なります。怒りの表情はあまり影響を受けませんが、笑顔は分かりにくくなります。」というものです。表情実験の結果は、アドバイスの根拠を示すエビデンスとして重要な意味をもっています。

心をこめた声かけ

看護師さんからの問い合わせで始まった表情の研究は、その後、患者さんに対する「声かけ」という、より日常のコミュニケーションに近い状況を模擬した研究に発展しました。行ったのは看護師さんによる「心をこめた声かけ」と「心のこもらない声かけ」を、患者さんがどれくらい聞き分けているのかを調べるという研究です。

本職の看護師さんに実験室まで来てもらい、患者さんに対して心をこめて（相手を気遣いながら）声かけをしている映像と、心をこめずに（自分の都合を考えながら）声かけをしているときの映像を撮影し、実験用の映像刺激として使用しました。さらに、お医者さんの許可を得たうえで、入院中の患者さんにも協力してもらい、「自分たちが希望する、看護師さんの応対」を調べる目的で、複数の声かけの映像について評価してもらう実験を行いました。

この研究で分かったことはいろいろあるのですが、一番わたしたちの印象に残ったのは、看護師さん自身が心をこめておこなったつもりの声かけの映像と、見た人が「心がこもった声かけだ」と判断する映像とが必ずしも一致しないことでした。この章の始めに述べたように、表情が伝える「気持ち」とことばが伝える「気持ち」が一致しないことによって送り手と受け手の間に誤解が生じることは、日常のコミュニケーションでも少なくありません。この研究に取り組む過程で、看護師さんが、患者さんに声をかける自分自身の映像を見ることが、自分の伝えたい気持ちと実際に伝わるメッセージの間のずれに気づくうえで効果があることが分かりました。看護師さんたちの感情伝達のスキルを高めてゆくための実践的な方法が見つかったことは、当初は想定していなかった研究の成果となりました。

5 感情の心理学を学ぶ

この講義では、顔の表情がどのように感情を伝えるのかという問題を中心に、他者の感情の共感の仕組みであるミラーシステムや表情認知の基礎研究、さらに看護師さんと患者さんのコミュニケーションの研究例などについて、紹介しました。

表情から相手の感情を読み取ることは、日々のコミュニケーションのなかで私たちが何気なく行っていることですが、感情の心理学研究では、表情の表出や認知の仕組み、あるいはコミュニケーションでの表情の機能について、多くの人たちに役立つさまざまな成果を蓄積しています。表情や感情のはたらきついて学ぶことは、自己や他者の心をよりよく理解するための「心のリテラシー」を身につけるうえでもとても重要です。この講義から、皆さんが人の表情や感情の仕組みに関心をもってもらえれば、とてもうれしく思います。

第Ⅱ部

高校生が心理学する

◆心理学の未来・次世代との対話

心理学という学問は、どこに向かおうとしているのか。心理学が真に必要とされる場所はどこにあるのか。人類の未来に対し、具体的にどのような貢献ができるのか。私が心理学の世界に足を踏み入れて20年あまりが経過しました。大学教員という立場で学部生や大学院生を教育指導し、ともに研究する日々を過ごすなか、こうした思いが年々強く意識されるようになっていました。

今回、それをひとつの形として実践する機会に恵まれました。学問を生業とするプロフェッショナルが最新の研究成果を発表し、情報交換をおこなう「学会」という場があります。そこに、これから学問の扉を開こうとする高校生を招く試みです。たんなるお客様として招くのではなく、実際に心理学を体験し、その成果を研究者と同じスタイルで発表してもらう。そうした挑戦を通じて、心理学の魅力や意義を彼らにじかに伝えるとともに、次世代を担う彼らと心理学の未来について対話（ダイアログ）したい、と考えたのです。

きっかけは、今から15年ほど前にさかのぼります。ある生物学系の学会に参加した私は、会場で制服を着た高校生がポスター会場を自由に歩き、議論に花を咲かせている姿、第一線で活躍する研究者の講演を輝きをもったまなざしで聴いている姿を目の当たりにして驚きました。話を聞くと、この学会では次世代を育成する社会活動を重視していて、高校生に学問の魅力を伝えるための企画が学会員から積極的に寄せられるといいます。学問は、研究と教育の両輪なしに発展しえない。この当たり前の事実に気づかされた経験でした。

心理学に話を戻しましょう。「心理学」という響きは、高校生にとってかなり魅力的に映るようです。心理学は高校では学びません。大学に入学して初めて接する学問です。私が所属する京都大学の初年度教育科目のなかでも、心理学の基礎を学ぶ概論科目は毎年高い人気を誇ります。「心理学を学べば、自分や他人の心がもっと深く理解できると思ったから」「抱えている悩みを解決できる方法が得られると思ったから」。受講者に科目履修の理由を尋ねると、こうした回答が目につきます。多くの大学1年生は「個」、とくに自分自身のプライベートな心をもっと知りたい、という動機で心理学に関心を抱き始めるようです。

しかし、人間の行動や心の本質は、「個」という閉じた世界に焦点をあて、掘り下げていくだけでは見えてきません。個を超え、社会、文化、生物という枠組みからの追究が不可欠です。実際、心理学は多様なアプローチから成り立っています。さらにいうと、心について知りたいと思う研究者は、いわゆる心理学者だけに限りません。哲学、医学、神経科学、分子生物学、霊長類学、さらには情報工学、ロボット工学など、ミクロからマクロレベルまでさまざまな分野の研究者が学問領域の垣根を超え、心の「しくみ（機構）」と「はたらき（機能）」にまつわる謎を解き明かす努力を続けています。

では、心理学が人間理解に独自に果たしうる部分はどこにあるのでしょうか。例として、「悲しい」「うれしい」などの感情が私たちの心にどのように起こるかを考えてみましょう。心のはたらきを生みだす脳の活動を、根拠（数値）にもとづき還元論的に説明するための技術が飛躍的に進歩してきました。それにより、それぞれの感情に関連する脳の部位やメカニズムが、ある程度特定されてきました。しかし、そうした物質的、化学的反応が、あのありありとした質感をともなう心のはたらきをどのように生みだすかについては、いまだ不明のままです。心のはたらきは、科学的にはまだ十分説明できていない現象なのです。

心理学とは、心のはたらきという不思議な現象を正しく描写し、それを体系化するとともに、他領域の研究者が解明したいと思う課題を設定するというきわめて重要な役割を担っています。科学的な人間理解を目指すための舵取り役であり、理系・文系という枠を超えたところに位置づく学問といえます。私たち心理学者の責務は、既存のイメージに縛られずに、心というものを広い視野、多面的なアプローチでとらえ、正しく理解することの必要性を次世代にきちんと伝えていくことにあります。

平成24年3月、京都大学にて第25回日本発達心理学会（板倉昭二大会委員長）が開催されました。実行委員会委員長を仰せつかった私は、先述の某学会での衝撃と斬新さが脳裏に浮かび、本大会でも高校生に研究活動を発表する機会を提供できないかと考えました。実行委員会での話し合いの結果、この思いは「一般公開特別シンポジウム」という形で実現されることとなりました。発達心理学に強い関心をもつ高校生からの成果発表、さらには発達心理学および隣接領域において世界的に活躍し、当該領域を牽引されている研究者との対話を盛り込みました。テーマは、「発達心理学の未来――次世代との対話」です。

じつは、この企画をたてるにあたり、もうひとつのねらいがありました。研究者を目指す大学院生が、どのような表現、方法で若い世代に心理学の魅力を伝えようとするのかを見てみたかったのです。若い研究者は、論文を執筆することが目下の目標であるため、どうしても専門領域に特化した、細分化された議論に日々終始しがちです。自らが関わっている研究の意義を、社会とのつながりにおいて意識的に考える機会が少ないことを懸念していました。彼らは、高校生の自由な発想をどのように柔軟に受け止めながら知識を伝え、指導していくのでしょう。高校生と伴走する過程で、心理学者として真に必要な力量が育成されるのではないかと期待したのです。

今回は、第1回目の試みということもあり、公募という形をとらず、文部科学省スーパーサイエンスハイスクール（SSH）指定校のうち、京都大学近郊にある公立高校に限定して参加を依頼しました。京都大学の高大連携推進室からお力を借り、京都大学と提携を結んでいる高校の中から、大学院生との相互交流の便も考慮して、近隣4校に参加を打診しました。京都市立堀川高等学校、京都府立洛北高等学校、大阪府立北野高等学校、滋賀県立膳所高等学校（順不同）です。

高校生も先生方も、日常の学業や校内行事に追われ、長期にわたる研究活動の依頼には難色を示されるのではないかと危惧しましたが、それはただの杞憂に終わりました。驚いたことに、どの高校もきわめて積極的に依頼を受けてくださいました。先生方は、教科学習の基盤となるのは主体的な探究力、モチベーションであるとの確信をもっておられ、忙しい合間を縫って積極的に協力いただきました。

そして、成果発表に向けた活動が本番半年以上前に幕を開けました。まずは、それぞれの高校の先生に参加を希望する方を募っていただきました。幸い、希望の声を数多く寄せていただき、各校でグループ編成をおこないました。続いて、人間の心のはたらきにまつわる次の四つのテーマを各校に投げかけ、活動開始に向けた足場を提供しました。

（1）**「ロボットは人間になれるのか」**——人間らしい心をもつロボットに必要な条件とは何か

（2）**「人間の心はいつ生まれるのか」**——人間の心のはたらきの発達的起源

（3）**「人間が幸福に育つために必要な条件とは何か」**——人間らしい心を育む環境とは

（4）**「人間を特徴づける心のはたらきとは何か」**——他の動物とは異なる人間の心のはたらき

続いて、数人からなる大学院生チームをメンター（指導者）として各校に派遣し、高校生の研究活動を支援してもらいました。メンターには、以下の流れで活動の展開を図るよう指示しましたが、細かなやり方についてはすべてメンターの主体的判断、工夫に委ねることとしました。①与えられたテーマを軸とした大学院生と高校生の自由な対話、②テーマに関連する課題の具体的設定、③仮説をたて実証検討するための方法論の指導と実験実施（**写真1**）、④得られたデータの解析とまとめ、考察に向けた議論、⑤パワーポイントを用いたプレゼンテーション準備……。

そして、いよいよ本番当日を迎えました（**写真2・3**）。登壇した高校生は緊張と不安に包まれながらも、各校の特徴を前面に出し、見事な発表を展開していきます。当日は、それぞれの専門において、最先端の研究を

写真1

写真2

推進しておられる4名の先生方にも登壇いただきました。ロボット工学からは浅田稔教授（大阪大学大学院工学研究科）、霊長類学からは松沢哲郎教授（京都大学霊長類研究所）、発達心理学からは内田伸子教授（十文字学園女子大学）、そして認知心理学からは吉川左紀子教授（京都大学こころの未来研究センター）です。高校生が主役の場に、一流の先生方に「脇役」として協力いただけるのか一抹の不安がありましたが、どの先生もこの新企画に快く賛同いただきました。

　発表内容の詳細については、本章に掲載されているそれぞれの内容（第6〜9章）をご覧ください。どれも、高校生でなければ気づかない、思春期ならではの視点、純粋な関心に溢れています。また、本章には掲載されていませんが、当日は指定討論の先生方より彼らの発表に対して熱のこもったコメント、強い期待を寄せていただきました（**写真4・5**）。堂々と舞台に立ち、先生方からのお言葉、表情ひとつひとつに気持ちを傾け、熱心に聞き入る高校生の姿に、心理学の未来を強く感じることができました。

　本企画は、盛会のうちに幕を閉じました。半年以上にわたり彼らと走り続けてきたメンターの表情にも、高校生に負けないほどの安堵感、達成感が満ち溢れていました（**写真6**）。高校生だけでなく、心理学に携わる私たちにとっても、人間をより深く知るための知として、人間がよりよく生きるための術として、心理学が果たすべき役割を再認識した時間となりました。

明和政子

写真 4

写真 3

写真 5

写真 6

第6章 心はいつ芽生えるのか

1 はじめに

私たち京都市立堀川高等学校の研究チームは、ヒトが成長していくなかで、心はいつ芽生えるかというテーマに取り組みました。発達心理学では、心を構成する「心理的・身体的機能」がどのような段階で発達するのかを明らかにすることが大変重要な研究テーマになっています。しかしながら、より根本的な問題である、心の定義そのものは研究者ごとに見解が異なっていて、統一がなされていません。また、心理学が扱うテーマは認知や感情など幅広く、心を単一の心理機能としてみることは難しいと思います。そこで私たちは、発達心理学で多く研究がなされている四つのトピックに注目し、以下の四つのカテゴリー（①知覚、②記憶、③感情、④メンタライジング）をとりあげることにしました。そして、これらを実験的に調べた文献を調査することで、心の発生について考えてみました。

まず知覚については、五感の成立に着目し、胎児期に感覚器官が形成される過程を調べました。次に記憶について、過去のことを情報として保存し、それにもとづいて行動することがいつ可能になるのかを検討しました。さらに感情については、快-不快という簡単な分類から、嫉妬や共感などの社会的で高次な感情にどのように分岐するのか調査しました。最後に、他者の心を認知することもヒトの心の重要な要素だと考え、メンタライジングについての実験研究をみていきます。

2　知覚はいつ芽生えるか

われわれヒトは五感を用いて、外部からのさまざまな情報を利用しています。視覚、聴覚、味覚、触覚、嗅覚は外部世界と身体をつなげる重要な役割を果たし、これが心の基礎となっていると考えられます。では、これらの感覚は、いつどのように芽生えるのでしょうか。感覚が成立するためには、感覚器官と脳の一次感覚野の完成が必要不可欠です。

視覚

ヒトの視覚は、妊娠３ヶ月の錐体細胞《すいたいさいぼう》の出現から始まり、妊娠７ヶ月で明暗を認識する桿体細胞《かんたいさいぼう》が出現します。[32]

34週で生まれた未熟児も図形の弁別や選好を示すことから、[25] 生まれる２ヶ月前から視覚と視覚野がある程度確立していると言われています。視力は出生後も発達し、生後７ヶ月で１・０となります。

聴覚

胎児は、母親のお腹のなかでさまざまな音を聴くことができるので、聴覚については、他の感覚よりも実験研究が多く存在します。[5][8][9][10] 胎児は妊娠20週ごろから音を聴くことができ、約38・4週には、母親の声と他人の声を区別することができます。[20] この研究では、見知らぬ女性の声を聞いたときよりも、母親の声を聞いたときに、胎児の心拍が上昇することが実験により示されました。

味覚

次に味覚の発達をみてみましょう。妊娠8週目ごろから味蕾《みらい》ができ始めます。さまざまな研究者は13〜15週で羊水の味や母親の食事に影響を受けると主張しています。[15][19][24] この主張については、反射的行動かもしれないという意見もありますが、生まれた後にも甘いものを好むという結果もあるので、胎児期から味を知覚する能力がすでに備わっている可能性も存在します。

嗅覚

嗅覚は、空気中の化学物質を区別する感覚です。しかし、胎児は羊水のなかにいるので空気と接触する機会がなく、胎児を対象とした嗅覚研究はありません。ある研究では、生後6日目の新生児が自分の母親の母乳の匂いと他の女性の母乳の匂いを区別できるのに対して、生後2日目では区別できないことが示されました。[21] これらの結果を踏まえると、嗅覚の感覚器は胎児期から完成しているものの、その機能は生後の経験によって獲得されると考えられます。

触覚

胎児が触覚を感じるのは、妊娠7週目からであり、五感のなかで最も早く発達します。ただし、この時期では触られたという刺激を感じることができるのは口の辺りのみであり、体全体の触覚が発達しているとは言えません。フィッジェラルド[12]の研究によると、妊娠7週目の胎児の口の辺りを触ると、顔をそらす反応を示します。その後、触覚の刺激を伝達するする神経線維が発達することによって、妊娠14〜24週目ごろにはほぼ全身に刺激を感じることが可能です。

五感の発達

五感の発達をまとめると、これらの感覚器官がすべて完成するのは妊娠34週目であり、その時点から、心が芽生える準備ができているのではないかと思います。この感覚器官の完成によって、胎児と胎児を取り巻く環境とのつながりが一層強いものとなります。

3　記憶はいつ芽生えるか

3歳以前の記憶は、海馬の神経細胞の成長によって忘却される[1]という幼児期健忘の現象を考えると、記憶というのは3歳ごろから始まると思われるかもしれません。

しかし2節の聴覚の成立についての内容をみると、記憶は胎児期から存在しているようです。バターフィールド[7]とシーパーシュタインによると、新生児はヒトの話し声を、器楽曲や話し声でない音よりも好みます。これはただの乳児の好みに思われるかもしれませんが、乳児が胎児期から母親などの話し声を聞くという経験をしていたからこそ得られた結果かもしれません。また、乳児は男性の声よりも女性の声と心拍音を好み、さらに、他の女性の声より自分の母親の声を好むという研究もあります。

さらに興味深いことに、新生児は胎児期に聞いたストーリーを覚えています。デチャスパーとスペンス[10]は、その出生前の6週間、ある童話を母親から胎児に読み聞かせてもらいました。そして生後2、3日の時点で、そのストーリーを、母親の声で録音したものと、他の女性の声で録音したものを乳児に聞かせました。その結果、乳児は知らない女性の声よりも母親の声で話されたお話を好みました。また、そのストーリーに加え、一部を変化させた別のストーリーを見知らぬ女性の声で乳児に聞かせると、二つとも見知らぬ女性の声であるにもかかわらず、自分が胎児期に聞いていたストーリーの方を好むという結果が得られました。

生後3ヶ月になると、より洗練された記憶能力が発達し、自分の動きと外部環境の変化の組み合わせを覚えることができます。3ヶ月児の足首をモビールと紐でつなぎ、乳児の足の動きに合わせてモビールが動くようにします。すると、8日ほど後に、同じ状況におかれた乳児は、モビールの下で足を動かしモビールを揺らそうとする行動を示します。これは、乳児が自分の足の行動によって、モビールが動くという過去の経験を記憶して、起こした行動だと考えられます。

このように乳児の記憶は生まれる前から生じているということがさまざまな研究から明らかになってきています。成人ほど洗練された記憶ではありませんが、月齢が上がるにつれて、単純なものからより複雑なものまで記憶することができるようになります。

4　感情はいつ芽生えるか

感情の研究は、感情表出に関するものと感情理解に関するものに大別でき、さらに、感情そのものも多岐に渡ります。まず基本感情として、ポジティブな感情（joy または happiness）とネガティブな感情（fear、anxiety、anger、sadness）が挙げられます。

感情表出

赤ちゃんの表情を思い出してみると、笑ったり泣いたりと単純な感情をもっているだけのように感じられるかもしれません。ブリヂス[6]によると、さまざまな感情の種類のなかで最初に表出されるのは興奮（exitement）であり、その後、ポジティブな感情とネガティブな感情が分かれていくといいます。まずポジティブな感情の発達についてみると、赤ちゃんは他者に対して社会的微笑を表します。これは、生後6～7週間後に見られる現象なので、すでにこの時期にポジティブな感情が表出されると言えます。ネガティブ感情のなかでは恐れ（fear）感情の表出が生後6～7ヶ月くらいから始まり、とくにこの時期には見知らぬ人に対する恐れの反応が顕著です。8ヶ月ごろになると、不安（anxiety）を感じることもでき、保護者から分離されることによって生まれる不安である分離不安が見られます。その後、13～15ヶ月にかけて分離不安は減少します。しかし、怒り（anger）や悲しみ（sadness）は恐れ（fear）や不安（anxiety）の表出よりは時期が遅れて、1歳になると明らかに他者に対して怒りの感情を表出します。

感情理解

感情を理解することも生後4～7ヶ月ごろから可能になり、他者には自分とは異なる感情が存在することがわかるようになります。たとえば、生後4～7ヶ月の乳児は他者の喜びと驚きの表情を区別することが可能です。そのうえ、7ヶ月になると、視覚的感情（表情）と聴覚的感情（声）が一致した刺激を、不一致のものよりも長く見ることがわかっています[33]。さらに面白いことに、この時期の赤ちゃんは他者の感情を理解するだけではなくて、自分の行動をコントロールするためにそれを利用することが可能です。これを社会的参照（social reference）と言います。モーゼスら[27]は、12ヶ月児が見知らぬ人や新奇なおもちゃと触れ合っているとき、肯定的もしくは否定的表情をするよう親に指示しました。その結果、12ヶ月児は母親が恐れの表情を示すと、母親に近づく傾向が多かったのに対して、肯定的な表情をしたときには、見知らぬ人や物体に近づく傾向が見られました。より古典的な実験でも、同じような結果が得られています。これは視覚的断崖（visual criff）という有名な実験です[31]。この実験では、まず床の半分がガラス張りになっていて、渡ることはできても乳児にとっては恐怖感を感じる実験装置を用意します。そして、装置の向こう側にいる母親がさまざまな表情や呼びかけをしたとき、乳児がこのガラスの床を渡るかどうかを検討します。その結果12ヶ月児の74％が母親がポジティブな表情を表したときには断崖を渡ったのに対し、恐れの表情を示したときには渡りませんでした。

言語発達とともに、表情を見て言語的に名前を付けること（ラベリング）ができるようになってきます。3歳までには基本的感情に対してラベリングをすることができ、誇り、恥、罪悪感といった複雑な社会的感情に対するラベリングはより遅く、児童期中期に可能になります。

感情の共有

ここまでは感情表出と理解がどのように発達するのかを見てきましたが、他者と感情を共有するのはいつごろでしょうか。感情共有は、主に同情・共感という視点から研究がなされています。とくに感情共有は、相手の肯定的感情より否定的感情に対して生じることがわかっています。たとえば、サーギとホフマン[30]の研究では、生後34時間の新生児に他の新生児の泣き声を聞かせました。すると、他の新生児の泣き声を聞いたときにはつられて泣く反応が多く見られましたが、無音のときにはこのような反応は見られませんでした。著者らは、この新生児の反応は他者のネガティブな感情表現を共有したため生じたものであると分析し、これを感情感染（emotional contagion）と呼びました。

月齢が上がるにつれて、相手の苦しみの感情に同情したり[18]、援助行動[34][35]を起こしたりするなど、より高次な形で感情を共有し、自ら他者に働きかけることができるようになります。同情や共感、援助行動の第一歩として感情伝染を位置づけることができるのかどうかは、研究者ごとに意見は異なっていますが、生まれたばかりの新生児が相手の感情を共有する能力をもっていることは驚くべきことです。

感情の芽生えについてまとめると、感情の表出は新生児から始まりますが、他者の感情を理解できるのは少なくとも生後4ヶ月ごろからだと考えられます。しかし、生まれたばかりの新生児が相手の感情表現に対する感情表出を示すことから（感情感染）、相手との感情共有はかなり幼い時期から可能であるということもできます。

5 メンタライジングはいつ芽生えるか

メンタライジングとは、自分自身について考えたり、他者の心について考えたりする心の機能のことです[16]。メンタライジングの成立は、およそ5歳以降と言われていますが、メンタライジングが成立するためには、いくつかの認知能力の獲得が不可欠です。本節では、このようなメンタライジングの前提となる認知能力の芽生える時点からメンタライジングについてみていきたいと思います。

「ヒトらしさ」の認知

メンタライジングに至るための初期段階として、ヒトに対する志向性が必要です。ヒトへの志向性とは、他の対象に比べてヒトを選好し、ヒトの特性に注意を払うことを意味します。たとえば、生後1ヶ月児は顔のように見える単純な刺激を、同じ要素で構成されたスクランブル顔の刺激よりもよく追視します[11][17]。そして生後3ヶ月になると、普通の顔のなかでもより人間らしい顔を選好するようになります[4]。

新生児の社会的能力として最も有名なものとして新生児模倣が挙げられます[23]。モデルの大人が新生児に向かって舌を出すと、新生児は同じく舌を出します。舌だけではなく、口の動きや瞬きなどの行動も模倣することが可能です。これらの研究から、ヒトと関わる経験が乏しい新生児でも、ヒトの特徴に対する敏感性をもっていることがわかります。

さらに、生後5、6ヶ月になると顔だけではなくてヒトの運動からヒトらしさを選好する能力が芽生えます。たとえば、ヒトの関節の部分にマーカーを付け、歩いている様子を撮影します。5～6ヶ月児に、このマーカーの動きだけを見せると、ただランダムに動く点よりも好んで長く見ることが明らかになりました。[3] また、ヒトの可能な関節の動きと不可能な関節の動きを乳児に見せると、12ヶ月児は、不自然な動きに対してより長く注視し、とくに関節の部分を長く見ていました。[26]

これらの研究から、ヒトと関わる経験が乏しい新生児でも、ヒトの特徴に対する敏感性をもっていることがわかります。

目標志向性と意図の理解

メンタライジングは、他者の行動を予測することも含みます。行動を予測するためには、ヒトが目的をもって行動するということをまず理解する必要があります。あるエージェント（人や幾何学図形などの行為主体）が特定の目標をもって行動するとき、そのエージェントは目標志向性をもつと言います。この目標志向性はいつごろ理解されはじめるでしょうか。

ゲルゲリーら[13]の研究によれば、12ヶ月児はエージェントがある目的をもって行動するということを理解して幾何学図形の運動を注視し、その後に目標と関係のない運動をする場面を呈示されると、期待違反が生じ長く見ることを示しました。その後さまざまな研究によってこの結果は支持され、乳児は幾何学図形も含むエージェントの目標を行動から読み取れることが明らかになりました。

では、行為の目標だけではなくて、他者がもつ意図を理解するのはいつからでしょうか。メルツォフ[22]によると、他者の行為の意図を理解するのは18ヶ月からです。著者は18ヶ月児にダンベルを外そうとしているけれども外すことができないという場面を見せました。その後、ダンベルを乳児に渡すと、ダンベルを外し、モデルの行動を完遂してみせます。この結果から、乳児がダンベルを外そうとしている人の意図を理解していると考えられます。

このように、エージェントの行為目標を理解することは12ヶ月ごろにはすでに可能であり、エージェントの行動の意図というさらに高次な理解は、生後18ヶ月から成立していることが示されています。

心の理論

メンタライジングは幼児期になるとより洗練されます。複雑なストーリーを聞き、登場人物の立場になって、行動を予測することが可能になるのです。相手の立場に立つためには相手と自分が違う考えをもっていると理解することが必要です。このような能力を心の理論といいます。心の理論を検討する課題として、最も有名なのがサリー・アン課題[2]です。サリーとアンという2体の人形を使って、実験者が子どもにお話を聞かせます。まず、サリーが、バスケットにボールを入れて立ち去ります。その後、サリーがいない間に、アンがボールの場所を隣にある箱に移してしまいます。しばらくして、サリーが戻ってきます。子どもには、サリーが最初にどこを探すかを尋ねます。もし、子どもが心の理論を獲得しているならサリーの立場で考え、バスケットを探すと答えるでしょう。しかし、まだ獲得していない子どもでは、自分の立場から考えてしまい、箱を選択すると考えられます。サリー・アン課題を用いた先行研究によると、4歳児は50％、5歳児では90％がサリーの立場から考えることができるとわかっています[14]。サリー・アン課題のように言語を使った課題では、幼児期から心の理論が獲得されると考えられてきましたが、視線を計測する手法を用いた研究をみると、乳児期でも心の理論が成立しているとする主張もあります。オオニシとベイラージョン[29]の研究によって、非言語での誤信念課題を用いれば15ヶ月児でも誤信念にもとづいた行動の予測ができることが示されました。この研究では、アクターがスイカを緑と黄色の二つの箱のうちの緑の箱に入れる映像を15ヶ月児に呈示しました。その後、バリアがアクターの視界を遮った状態で、スイカが移動し黄色い箱へ入ってしまいます。続くテスト場面では、バリアがなくなり、アクターがそれぞれの箱の中に手を入れる映像が呈示されます。このとき、15ヶ月児は、アクターが緑の箱を選択した場面よりも、黄色い箱を選んだ場面の方を長く注視しました。このことから、15ヶ月児はアクターがスイカの場所が変わったことを知らないのに黄色を選択したことから、期待違反によって長く注視したと考えられます。つまり、15ヶ月児はアクターの視点に立って行動を予測しているといえます。

以上から、言語を用いた課題では、心の理論は4歳から獲得されるといえます。しかし、非言語による課題を用いると、より幼い15ヶ月児から通過することができるのです。

6　まとめ

これまで四つのカテゴリー（知覚、記憶、感情、メンタライジング）から心の起源を考えてきました。その結果、カテゴリーによってその機能が芽生える時点はさまざまであることがわかりました。知覚のように、比較的単純な機能は、胎児期から成立していますが、感情やメンタライジングといったより複雑な機能は、生まれた後に芽生えます。では、心は胎児期、乳児期、幼児期のうち、一体いつ芽生えるのでしょうか。

われわれは、ヒトが心をもつためには、個人だけでは不十分であり、ヒトとヒト（あるいはエージェント）との関係性が必要だと考えます。したがって、これまで調べた四つのカテゴリーの能力がどの程度、社会的能力と言えるのかを基準とし、心の起源についてさらに考えたいと思います。

まず、知覚や記憶は胎児期から獲得されていますが、これらの機能の獲得をもって胎児に心があると言うことはできるのでしょうか。知覚や記憶は、社会的能力の発達には役立ちますが、本質をなすものではありません。よって胎児期では、完全な心があるとは言えませんが、心をもつための準備段階だと位置付けることができます。

では感情とメンタライジングはどうでしょうか。進化的な観点からみると，感情とメンタライジングは，集団の絆を高め，生存確率を高める機能があります。さらに，これらは，自分以外のエージェントが存在しないと発生しにくい機能だと考えられます。感情の理解と表出，またヒトらしさの認知と目標志向性の理解はいずれも，生後1年以内に成立するものです。このことから，生後1年以内の乳児期から心が芽生えるといえます。この時期に芽生えた心は，幼児期になるにつれて，より洗練されていきます。

以上のように，われわれは心はいつ芽生えるかという問題についてさまざまな実験研究を調査し，心は乳児期に芽生えるという結論を出しました。今回の文献調査から，心というのは，単一の機能で定義できるものではなく，社会的能力に必要な多くの構成要素が統合されて芽生えるものだということがわかりました。

……メンターの振り返り

◆**朴允姫・飯島真応**（京都大学文学研究科　＊初版刊行時）

堀川高校が取り組んだテーマは「心はいつ芽生えるか」というものでした。このテーマは，発達心理学を専攻する私たち院生にとってもとても刺激的なものでした。われわれの日常生活で，心という言葉は多く使われていますが，その定義を尋ねられると答えに窮するという人も多いかもしれません。高校生も，今まで心というものを真剣に考えたことがなかったため，心の概念の中心をなすものとは何かというところから、議論を始めました。京都大学の教員1名、大学院生2名が、この問いに取り組む5名の生徒たちをサポートしました。

議論は毎週1回、堀川高校でおこない、そもそも心とは何だろうかという問いに対して、生徒たちの意見を聞きました。しかし心の定義について生徒たちが重視することは、感情や、脳の発育などバラバラで、一つにまとめることはすごく難しいことでした。そこで、心をある単一の認知機能としてみるのではなく、生徒たちが最も関心を寄せた四つのカテゴリー（知覚、記憶、感情、メンタライジング）について、文献を調査することで、「心はいつ芽生えるか」というテーマに取り組むことになりました。

四つのカテゴリーのなかでも、感情に関心をもつ生徒が多かったため、まず「感情はいつ芽生えるのか」という問いに焦点を絞って話し合うことになりました。院生が紹介した文献を生徒たちが読んで、内容をレジュメにまとめて自分の考えを述べ、全体で議論をおこなうという形式をとりました。議論のなかで、生まれる前から感情をもっていると主張があったのに対して、胎児の反応は、刺激に対する反射的なもので心とは言えないという主張もありました。特に、文系か理系かによって、意見が異なっていたのが興味深いことでした。

続いて、残る三つのカテゴリーに関しては、代表的な論文をメンターが紹介し、そこに引用された関連のある文献をさらに生徒が調べることで理解を深めていきました。論文は英語で書かれたものがほとんどで、生徒たちは学術論文の形式や、グラフの読み取り方などに苦戦しながらも、楽しんで取り組みました。

論文を調べたところ、ヒトの発達段階では四つのカテゴリーの「心」が成立する時点がさまざまだったので、胎児期、乳児期、幼児期のうち心はいつ芽生えるのかという問題に突き当たりました。そこで、最後の議論では、心はコミュニケーションをする相手がいるからこそ生まれるものであり、ソーシャル・

パートナーとして他者を認識し始める乳児期から心が芽生えるのではないかという結論に達しました。今回のシンポジウムを振り返り、高校生からは次のような感想をもらいました。

私は今回、堀川高校のリーダーを務めさせていただきました。正直なところ、メンバーが集まらなかったり、学校行事が重なったりして、発表の作成は思うように進んでいませんでした。私の力不足で、最終的な日程が非常に厳しいものになってしまったことは申し訳なかったと思っています。それにもかかわらず、発表が失敗しなかったのはサポートしてくれた大学院生さんや学校の先生、そして何より発表に向けて一生懸命に取り組んでくれた他のメンバーがいたからだと思っています。日々の学習や自分の時間を犠牲にしてこの発表を作り上げてくれたことにはいくら感謝してもし尽せません。本当に頼りないリーダーだったと思いますが、最後までついてきてくれて、力を尽くしてくれてありがとう。

ちょっとした興味で参加してみた今回の発表であるが、発表作成の過程や当日の学会も非常に意義のあるもので良い経験になりました。この経験をこれからの人生に活かしていきたいと思います。（譽田洸太郎）

私はこの心理学会で、議論し、調査し、まとめ、発表しましたが、もともと発達心理学という単語すら知りませんでした。新しく知ることが本当に多かったです。

そもそも私は最初からこの高校生が参加する学会の存在も知らず、友人たちが心理学について何かしているという情報だけを聞いて、この研究発表の議論に顔を出しました。まさか京大の学会に参加するとは夢にも思っていませんでした。堀川の探究活動で一度練習をしたとはいえ、先生の細かい助けなしの研究発表は難しいものでした。

しかし、実際の学会に参加し、本物の研究を見るという経験は、その心労を考えても有り余るほど幸福なものでした。その苦労も、私より優秀な高校生なら感じることは無かったと思います。

この活動のなかでも、学会に参加するという部分が特に刺激的で、この活動に参加できて幸運でした。（佐々木賀治）

今回の心理学の発表では、私は文献の調査やパワーポイントのまとめをしていました。実際に壇上で話したわけではありません。ですので、そばから見ていた視点で、感想を述べてみたいと思います。

今回のシンポジウムはとても興味深いものでした。第一に、生徒たちが実際に動いて疑問を探し、その解決をまとめていたところです。これは生徒にとって、探究能力、プレゼンテーション能力などを鍛える良い機会でした。たとえばロボットを用いた実験などでは、そのロボットをどう使うか、どんな研究をするのか、ということについてよく練られていました。第二に、生徒のしたことを研究者が答えるという形式もよかったです。これによって、生徒たちは自分たちがした研究を大いに自分のものにして、知識を得ることができました。たとえば心の起源についての発表で、幼児の心の発達では頭脳型と物語型の二種類の発達の仕方がある、という知識を新たに得ることができました。このシンポジウムを通じて得られたことをこれからも生かしたいです。（寺山悠司）

もともと心理学に興味はありましたが、普段、学ぶ機会が少なく、まして学び方もわからない私は、この企画のことを知ったとき、強く参加したいと思いました。学校の授業では詳しく学べない心理学の分野を、同じく心理学に興味をもった同級生と共に深く学び、さらに発達心理学会にまで参加させていただくことができ、本当にこの企画はありがたいものでした。この活動を経て得た知識や経験は、本当に貴重なものだと感じています。さまざまな困難な場面があり、本当に発表して良いレベルまで達しているのか不安に思っていましたが、発表直前まで試行錯誤し、みんなで力を合わせて発表をやりきることができ、大きな達成感を感じました。この活動を一回限りのものにしてしまうことなく、得たものをこれからにつなげていきたいと思います。今回この企画に参加させていただくにあたり、多くの方々にお世話になりました。未熟な私をささえてくださった方々に対し、本当に感謝の気持ちで一杯です。（田中理亜）

今回の心理学会で僕が担当させていただいたのは記憶に関する部分でした。非常に多くのそして優秀な研究者の方々に交じって発表や交流を図らせていただく機会を設けて頂いて本当にありがとうございました。高校の授業ではなかなか聞けないような研究や発表、そしてさまざまな大学の方からの貴重なアドバイスや研究のお話どれも自分を成長させていただくいい機会になりました、ぜひこの経験をいかして次のステップへとレベルアップしていきたいです。（片岡優大）

今回、高校生は定期テストや授業の合間を縫って、文献を読み、まとめ、議論をおこなうという大学生のカリキュラムのような本格的な取り組みに参加してくれました。限られた時間しかありませんでしたが、責任感をもって一つのテーマについて考えるという経験は、とても貴重な機会だったと思います。

第7章 ロボットは人の心をもてるのか
——共感性が秘密の鍵

1 はじめに

私たち大阪府立北野高等学校チームは、〈他者との気持ちの共有〉をキーワードに「ロボットが人らしい心をもつための条件」について調べました。人らしいロボットと聞いて思い浮かべたのは、鉄腕アトムでした。アトムは、喜怒哀楽の感情をもち、ときに他者を助けるなどの援助行動をおこないます。私たちは、「アトムが人らしい心をもっているように見えるのはなぜか?」という問題から、人らしい心の条件について考えました。つまり、人らしさを付与する対象にどのような要素があれば、私たちは人らしい心をロボットに感じることができるのかという問いです。

本研究では、「他者（人）とロボットとの相互作用」を通じてロボットに芽生える（帰属される）心に着目しました。人は、乳児期からすでに他者と相互作用をおこない、他者と気持ちを共有することに敏感な存在であることがわかっています。たとえば、スティル・フェイス実験という有名な実験があります。[7]この実験では、乳児と対面で相互作用をしていた母親が、いきなり真顔になり乳児の働きかけに応じなくなります。その結果、乳児は母親の応答に〝違和感〟を感じ、笑顔が減る・泣き出すなどのネガティブな情動を表出するようになります。このことは、乳児であっても他者と気持ちが共有できているかを判断できることを示しています。したがって、人らしい心を感じるメカニズムの基盤に、他者との気持ちの共有があると考えられます。

ロボットが相手と気持ちを共有しているようにふるまうことが、そのロボットに人らしい心を感じるための重要な条件なのでしょうか。私たちは、人らしい心の条件として、〈他者と意図を共有すること〉と〈他者と情動を共有すること〉の二つを挙げました。まず、意図の共有とは他者の行為から目標や心的状態を推測し、共有することです。意図を他者と共有することは、人間の社会生活において極めて重要な営みだと考えられています。[6]同様に、情動の共有、すなわち他者への共感は、人間関係の構築や維持に大きな影響を与えます。

本研究は、他者と意図や情動を共有することが、ロボットにおいて人らしい心をもつであるかどうかを実証的に調べることを目的としました。具体的には、ロボットが他者と意図（実験1）や情動（実験2）を共有しているように動く映像や共有していないように動く映像を評価者に見てもらいました。ロボットに対する人らしさの評価は、映像を見た後の質問紙による評定者の印象評定から調べました。質問紙は、「ヒューマノイドの一般心理評定尺度（PHIT-24）」[3]を元に改変した全20項目（132頁の付録を参照）で構成したものを使用し、「非常にあてはまる」から「まったくあてはまらない」までの7件法により実施しました。質問項目には、「人らしさ」――このロボットは心をもっているようだ・このロボットは感情があるように思う、「意志」――このロボットは自分の意志をもっていそうだ、「嫌悪感」――このロボットは気持ち悪い、などがありました。また、質問紙には、映像の印象を回答する自由記述欄を設けました。

ロボットは大阪大学、浅田稔教授に協力していただき人型ロボット M3-Synchy を使用しました（図7-1）。

図7-1　実験に使用したロボット（M3-Synchy）

Synchyは、JST ERATO 浅田共創知能システムプロジェクトで開発され、商品化された対人コミュニケーション研究用ロボットプラットフォームです[2]。このロボットは容易なプログラミングにより、眼球・腕・首などの運動や、車輪移動ができます。

2　意図の共有はロボットが人らしい心をもつ条件か（実験1）

まず、他者と行為の意図を共有することで、ロボットが人らしくみえるかどうかを調査しました。他者の指示に従ったり、協力したりするといった人らしい社会的な行為を実現するためには、他者の意図に即した行為者の意図が必要となります。したがって、人らしいふるまいの基盤となる意図の共有が可能なロボットはより人らしくみえるだろうと考えました。しかし、人は必ずしも常時、他者の意図通りには動きません。他者の意図に気づき、徐々に他者の意図に同調するように、人の意図は時間的に変化しえるものです。いつも同じ意図をもって動作するロボットより、意図が変化するロボットのほうがより人らしいと思われるかもしれません。

今回、人とロボットの意図の共有を「人とロボットがある一つの物体に注目すること」と設定しました。**図7-2**に示すように、机の上に色の異なる四つのボールが置いてあります。まず人がそれらのボールの内、一つを指さします。その直後に、ロボットが腰と首、眼球を動かし、一つのボールを見ます。以上を1セットとして、これを7セットおこないます。人とロボットが同じボールに注目していれば、両者の意図は共有されたことになります（**図7-2a**）。評価者はこの7セットの動画を鑑賞し、質問紙によりロボットの印象を評価します。意図の共有やその変化がロボットの人らしさにどのように影響するかを調査するために、以下の四つの条件を設けました。一つ目は、すべてのセットで人が指さしたボールをロボットが見る「完全共有条件」。二つ目は「共有→非共有条件」で、始めは人の指さしたボールをロボットが見ますが、徐々にロボットは人の指さしたボールとは異なるものを見るようになります。三つ目はその逆の「非共有→共有条件」。四つ目はすべてのセットで人とロボットが異なるボールに注目する「完全非

a　人とロボットが意図を共有している場面

b　人とロボットが意図を共有していない場面

図7-2　実験1で用いた映像

共有条件」です。もし、他者と意図を共有するロボットが人らしくみえるのであれば、他の条件に比べて「完全共有条件」で人らしさに関する質問項目の得点が高くなるはずです。

印象評価の各質問項目の点数について、分散分析をおこなった結果、「このロボットは心をもっていそうだ」の質問に条件間の有意傾向、「このロボットは自分の意志をもっていそうだ」と「このロボットは感情があるように思う」の質問に条件間の有意な主効果が見られました。したがって、ロボットのもつ意図によって、これらの印象が変化することが示されました。しかし、さらに詳しく見てみると、下位検定の結果、いずれの質問項目においても「完全共有条件」より「非共有→共有条件」や「完全非共有条件」のほうが高い得点になっていることがわかりました（図7-3）。この結果は当初の期待に反するものです。

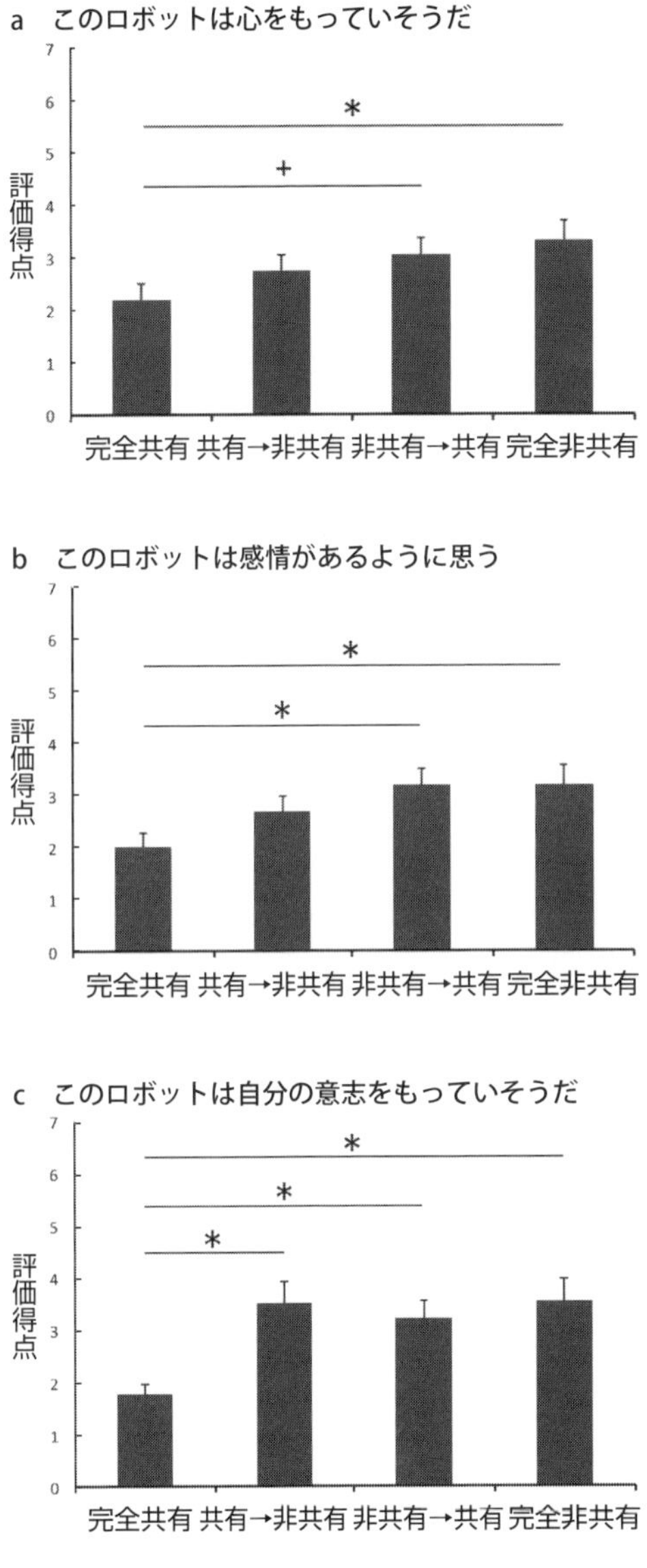

図7-3　意図共有実験の結果（＋p<.10, *p＜.05）

以上の結果より、必ずしも他者との意図の共有がロボットの人らしさを高めるわけではないといえます。ではなぜ「非共有→共有条件」と「完全非共有条件」でロボットの人らしさが向上したのでしょうか。たとえば、「非共有→共有条件」の自由記述回答では、「ロボットが途中から自分の動作を修正していた」という記述がありました。このことから、評価者はロボットから〝他者の意図に適応しようとする意志〟を感じた可能性が考えられます。また、「完全非共有条件」では「あえて人間の動きに逆らっている」や「わざと間違えていそう」という記述が多く見られました。したがって、評価者はロボットから〝他者に反抗する意志〟を感じ取ったと思われます。人はロボットの変容する行為や他者の意図にそぐわない行為からさまざまな意志を読み取り、それがロボットに人らしさを付与するのだといえます。その一方で、「完全共有条件」では「同じことを繰り返しているだけ」という印象を評価者がもち、他者の意図に完全に同調する場合では、単にロボットがプログラミングされた行動をしているだけと思われてしまうことがわかりました。したがって、他者の意図に適応したり、反抗したりする意志が、ロボットの人らしい心の条件といえます。

ただし、この実験でロボットと人が共有したものは「何かに注目する」といった単純なものでした。もしかすると、共有するものが情動といったより心的なものであれば、ロボットに人らしさを付与しやすくなるかもしれません。たとえば、喜びや悲しみといった情動を他者と共有する、すなわち共感するロボットは人らしくみえるのでしょうか。

3　情動の共有はロボットが人らしい心をもつ条件か（実験2）

そこで私たちは、他者と情動を共有するロボットに人らしい心があるようにみえるかについて調査しました。たとえば、サッカーの試合で選手がゴールを決めた場面を想像してみてください。ゴールを決めた選手は

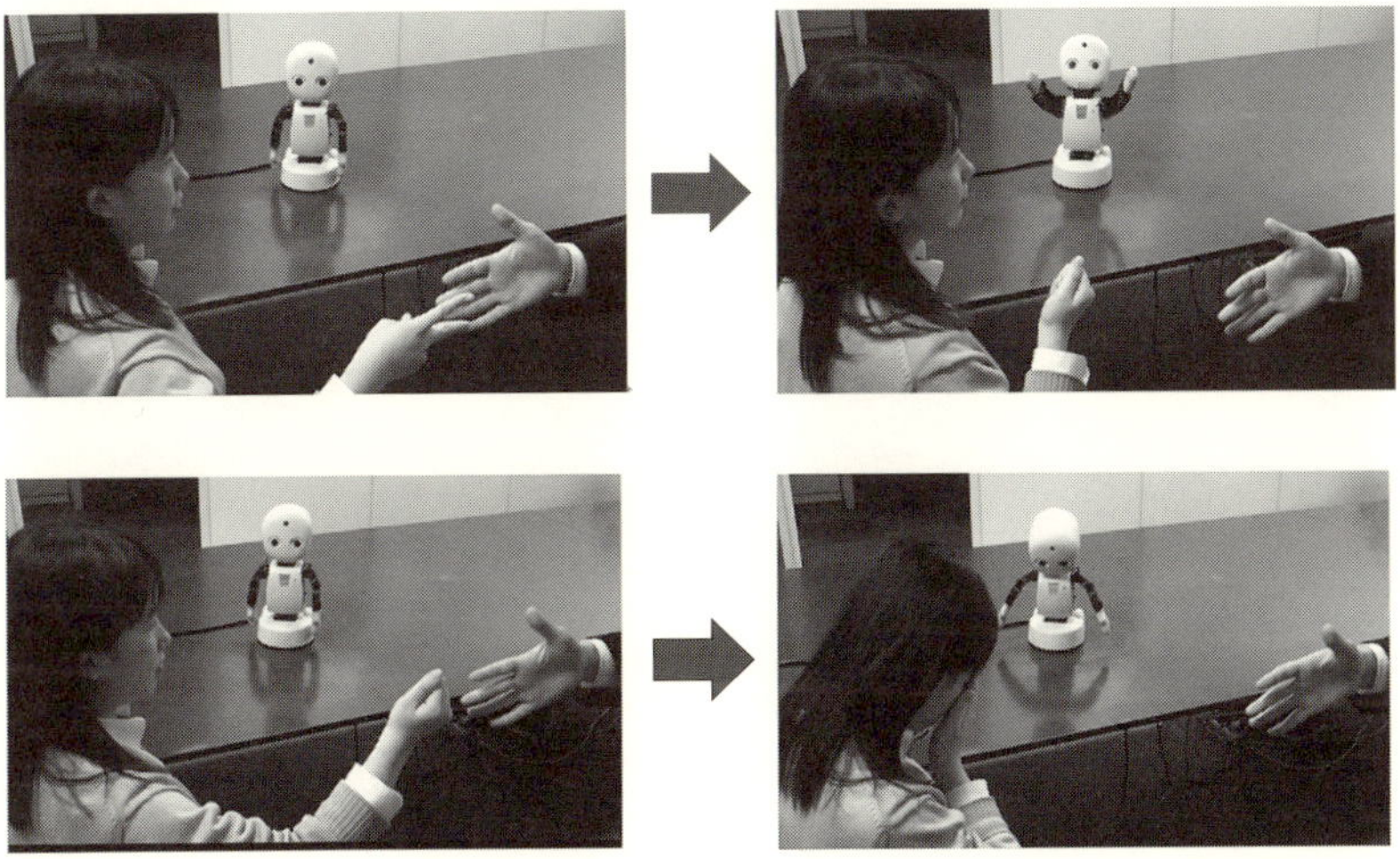

図７-４　喜びの情動を共有している映像（上段）と悲しみの情動を共有している映像（下段）

もちろん、選手と同じチームメイトやサポーターまでもが喜びの情動を身体全体で表出するでしょう。このように、同じ情動を身体全体で表出することで、私たちは他者と情動を共有します。さらに、他者と喜びや悲しみを共有する際に、身体接触をともなう場合があります。この身体接触をともなう情動の共有も、私たちの社会的関係に大きな影響を与えることが知られています。[1] したがって、身体全体の動きや身体接触を通して他者と情動を共有することが可能なロボットは、人らしくみえるだろうと考えられます。

実験状況は、２人の人間がじゃんけんをしている場面を観察しているロボットが、じゃんけんの結果（勝つ／負ける）を受けて喜びまたは悲しみの情動を示すパートナー（２人の内の１人）に対し、同じように情動を身体の動きで表現するものでした（**図７-４**）。実験条件は以下の四つを設定しました。一つ目は、２人のじゃんけんを見てロボットが中立的な動きをする「中立条件」、二つ目はロボットがパートナーと同じ情動を表出する「情動一致条件」、三つ目はロボットがパートナーと異なる情動を表出する「情動不一致条件」、最後はロボットがパートナーと同じ情動を表出し、かつパートナーに近づき接触する「情動一致＋接触条件」です。この条件でパートナーが勝って喜ぶ場合、またはパートナーが負けて悲しむ場合の2種類の映像を使って実験をおこないました。もし、他者と情動を共有するロボットが人らしくみえるのであれば、他の条件に比べて「情動一致条件」や「情動一致＋接触条件」で人らしさに関する質問項目の得点が高くなることが予想されます。

実験2の結果は、大変興味深いものでした。分散分析の結果、喜び・悲しみの文脈に関係なく、「このロボットは心をもっているようだ」・「このロボットは感情があるように思う」に代表される「人らしさ」に関する質問項目において、「情動一致条件」で高い値が見られました（図7-5a、b）。さらに、接触がともなう「情動一致＋接触条件」では、「人らしさ」が最も高いことがわかりました。「情動一致＋接触条件」の自由記述欄には、「ロボットがモデルを賞賛したり、慰めているようにみえる」や「共感的、友好的にみえる」などの記述がありました。このことから、身体表現や接触を通じて他者と情動を共有することは、ロボットが人らしい心をもつための条件である可能性が強く裏付けられました。

一方で、喜びの文脈のみで、「人らしさ」がより高い条件である「情動一致＋接触条件」において、「このロボットは怖い」・「このロボットにそのうち人間が支配されるのではないかと思う」・「このロボットがいると人間の存在価値が薄れていきそうだ」などの「恐怖感」に関する項目の値が有意に高くなりました（図7-5c）。この結果は、不気味の谷という現象から説明がつくかもしれません。不気味の谷とは、ロボットの見た目と行動がより人らしくなるにつれて、ロボットはより好意的な印象になる一方で、ある時点で突如として嫌悪感に変化する現象です[4]。本実験においても、ロボットであるにもかかわらず、他者と情動を共有し、接触までするロボットの人らしい行動が、ロボットの見た目と不一致をおこし、結果として「恐怖感」の値が高くなった可能性が考えられます。

実験2の結果から、ロボットが他者の情動と一致した情動を表出することが、人らしい心の条件の一つだと

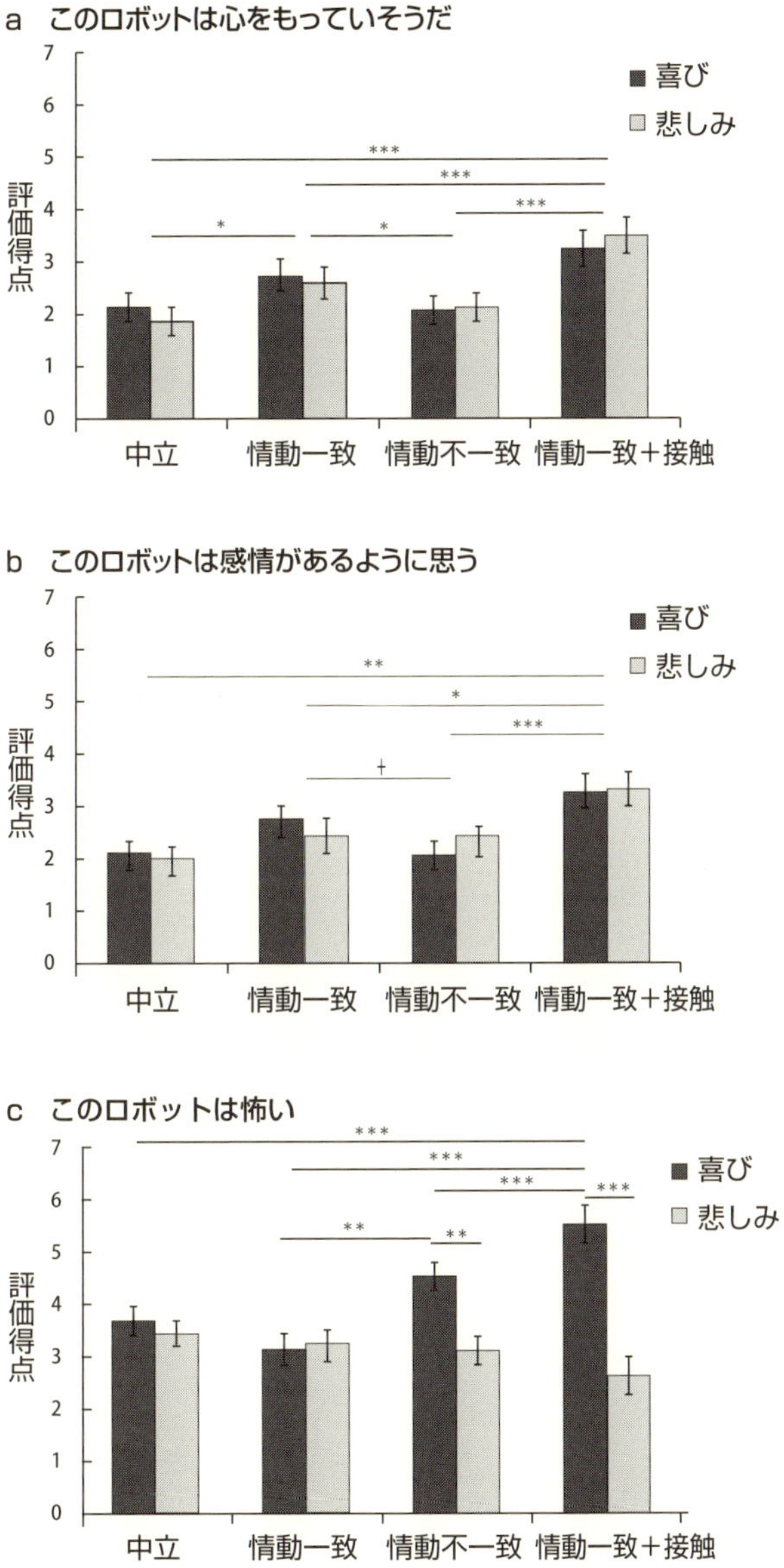

図 7-5　意図共有実験の結果（+p<.10, *p<.05, **p<.01, ***p<.001）

いうことが示されました。つまり、他者に共感的にふるまうことが、人らしさを規定する重要な心の機能だといえます。一方で、ロボットが人のように共感的にふるまうと、私たちはロボットに対して嫌悪感のような感情を抱く可能性があることも明らかとなりました。

4　総合考察

「ロボットが人らしい心をもつための条件とは何か」について実証した二つの実験から明らかとなった3点についてまとめてみます。まず一つ目は、他者と意図や情動を共有することで、ロボットは人らしい心をもつようにみえるという点です。二つ目は、意図の共有に関して、他者の意図に適応したり、逆に反抗したりするロボットの〝意志〟が、人らしい心の評価を高くする可能性があるという点です。最後に三つ目として、情動の共有に関して、ロボットが共感性を示すことは、人らしさを高めるとともに恐怖感を増す可能性があることもわかりました。

では、私たちがロボットに対して嫌悪感をもたず、人と同じ存在として認識し、ロボットと共生していくためには、さらにどのような条件が必要なのでしょうか。今回使用したロボットは、見た目が人らしくはありませんでした。大阪大学の石黒浩教授は、人と類似した外見をもち、人らしくふるまう「ジェミノイド」を開発しています[5]。他者と意図や情動を共有することに加え、人そっくりな見た目をもつことで、ロボットは人らしい心をもつと評価されるようになるかもしれません。加えて、本研究では、「物体に注目することによる意図の共有」や「身体表現による情動の共有」などの非言語コミュニケーションにみる人らしさに着目しましたが、言語によるコミュニケーションも人のもつユニークな特徴の一つです。言語は、身体内部・外部の情報を意味のあるものとしてカテゴリー化し、その情報を他者と共有するものです。したがって、言語もまた、ロボットに人らしい心をもたせる重要な条件になり得るでしょう。今後は、ロボットの外見や言語によるコミュニケーションを含め、どのような条件がロボットの人らしさに影響を与えるのかを実証していく必要があります。

また、本研究では、映像観察によるロボットの印象評定を通して、ロボットが人らしい心をもつための条件について検証しました。一方、現実世界におけるコミュニケーションでは、他者と持続的な相互作用をおこなう必要があります。ロボットが、人に飽きられないエージェントになるには、どのような条件が必要なのでしょうか。この問いを考えることも、人間とロボットの共生を考えていくうえで重要です。

本研究は、ロボットが意図や情動の共有を含むコミュニケーションをとることで、ロボットのもつ人らしさを高める可能性を示唆しました。とくに、情動の共有に象徴される「他者への共感性」は、人と人の絆を育む社会的接着剤としても知られています。実際、本研究でも、ロボットの人らしい心の条件に共感性が重要であることを示しました。共感性をもつロボットと一緒にいることで、私たちはロボットに対して親しみをもつようになり、愛着が湧くでしょう。もしかすると、ロボットと一緒に長く生活したいと思うようになるかもしれません。

多くの人は、ロボットは心をもたないものだという考えをもっているでしょう。実際に本実験の自由記述でもそれと類似した回答が多く見られました。しかし、「人らしい心をもつ」と感じさせるロボットと長い時間をかけて接することで、ロボットに親しみをもてるようになるのではないでしょうか。また、ロボットの利点は人間の生活をサポートしたり、人間にはできないことをしたりする機能を備えていることです。たとえば、知育用のホビーロボット、介護をするロボット、工場内での産業用ロボットなど、ロボットは多岐にわたり私たちの日常生活のなかで活躍しています。もし、このようなロボットに意図や情動の共有を含むコミュニケーションの機能を付け加えたら、無機質であったロボットはより人らしくなり、ロボットに対する私たちの接し方も変化するでしょう。今まで以上に、人間とロボットの豊かな共生が可能になるかもしれません。将来のロボットは私たちにとってどのような存在になっているでしょうか。本研究はロボットのいる将来の人間社会における、ロボットの心のありようを考えるための、さまざまなヒントやきっかけを与えるものと思います。

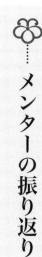

メンターの振り返り

◆今福理博・鹿子木康弘・河合祐司・前原由喜夫

皆さんにとってロボットは身近で親密な存在でしょうか。ほとんどの人にとってロボットは空想上や工業用の存在だろうと思います。しかし、２０１４年６月、ソフトバンク社が人型ロボットＰｅｐｐｅｒ（ペッパー）を発表しました。この安価で高性能なロボットはすでにソフトバンクの店頭に配置され、対人のサービスを提供しています。人の日常生活をロボットが支える社会はもはや実現しつつあります。そのような近未来を見据えて、人とロボットのストレスフリーな関わり方は心理学や工学といった従来的な学問領域をまたぐ大きな関心となっています。そういったロボットを巡る世の情勢のなか、北野高校の生徒たちに与えられた課題は「ロボットが人らしい心をもつための条件」を調査することでした。この問いは、人らしく見えるロボットのふるまいの設計論だけでなく、人が人工物に心を付与するメカニズムの解明にも通じる可能性があります。この学際的な研究課題のお手伝いのため、京都大学で発達科学・発達心理学を専門とする大学院生１名と、教員２名、および大阪大学でロボットや人工知能の研究に携わる大学院生1名が文理を超えてタッグを組みました。

もちろん高校生たちにとっては心理学もロボットもまったく未知の世界です。しかも，今回参加した生徒4名のうち3名は文系。また，そもそも発達心理学会の企画ですから，生徒たちのロボットへの関心はなおさら薄いと思われます。案の定，当初の生徒たちは研究課題について戸惑い，何から手をつけてよいのかわからないといった様子でした。そこで，初めに我々に課されたミッションは，生徒たちにロボットへの興味をもってもらうことでした。そうすることで研究課題に対する生徒たちの自発的で自由な発想が生まれることを期待しました。

まず，我々は世界中の最新鋭のロボットの動画を生徒たちに紹介しました。さまざまな環境と用途で動作するロボットを見て，生徒たちの目の色が少し変わったように思います。そして，それらのロボットのどういった点が人らしいかを皆で話し合いました。しかし，やはり実物を見ないことには具体的な実験の議論は難しいため，次に，大阪大学の院生が所属する浅田研究室の見学ツアーを実施しました。人の手助けによりつかまり立ちを学ぶロボットや，人の指す物体の視覚情報とその人の発する音声情報とを連合することで語彙を獲得するロボットなど，人と相互作用するロボットたちを見学してもらいました。その後，これらのロボットが人らしかったか，それはなぜか，について議論し，その結果，人らしさとは他者との関わりのなかで立ち現れるものだという大まかな結論に至ることができました。では，どういった他者との関わりが人らしさの演出に重要なのでしょうか。これは実際にロボットと触れ合いながら探ることにしました。

アメリカの beatbots 社が販売している My Keepon という安価なロボットがあります。生徒たちにはこのロボットを購入し，自由に遊んでもらいました。Keepon は非言語的な対人インタラクションを目的としたロボットで，黄色い雪だるまのようなかわいらしい見た目をしています。体を触ると愛嬌たっぷりに上下左右にぴょんぴょん動き，人工音を発します。おそらく多くの大人はすぐにKeeponに飽きてしまうのですが，驚くべきことに生徒たちは一時間以上もKeeponと戯れたらしいのです。最終的にKeeponの前で歌を歌って遊んだと聞いたときは，なんて純粋な子たちなのだろうと感嘆しました。しかし，たくさん遊んで愛着は湧いたものの，このロボットを人らしいとは思わなかったとのこと。そこで，Keeponが人らしくない理由や，それをより人らしくみせるために追加すべき機能について意見を出し合いました。外見の問題もさることながら，ロボットのふるまいに明確な意図がないこと，情動がないことなどが挙げられました。そして，前述した問題意識と併せることで，他者と意図や情動を共有するように他者と関わることによって，ロボットは人らしくみえるという仮説を立てることができました。

その後，京都大学のメンバーから心理学のテクニックを教わりながら詳細な実験計画を練り，高校生たちに実験を実施してもらいました。また，実験映像の撮影時には，大阪大学の院生の監督の下，生徒たち自身がM3-Synchyの動作をプログラムしました。そして，得られた結果の解釈について多くの時間を割いて皆で議論し，特にそれが将来のロボット社会へ与えるインパクトについては発表日ぎりぎりまで考えてもらいました。その議論は論文の考察に大いに反映されています。また，何度も発表練習を重ね，その甲斐あって本番は不安を全く感じさせない実に堂々とした発表になりました。

後日，生徒たちから以下の感想文をいただきました。

この企画に参加する前は発達心理学が何なのか本当に何も知らなくて，ただ友達に誘われたからという理由だけで参加を決めました。しかし，実際に活動していく中で私は二つの意味で大きく変われたと思います。

まず一つ目は，進路が大きく変わったことです。この活動を通して心理学に興味をもち，もっと続けたいと思うようになりました。今までぼんやりしていた進路がはっきり決まって本当に良かったです。

二つ目は大勢の人の前で話せるようになったことです。今まで私は人前で話すのが嫌いで苦手でした。（中略）しかし、北野のメンバーや大学院生の方と意見を言い合ったりしているうちに話すことに慣れてきて、本番ではそれほど緊張せずに話すことができました。

他にも、普段は生で見たり触ったりすることは絶対できないようなロボットを見させてもらったり、使わせてもらったりと本当に貴重な経験ができました。約半年間部活と勉強とこの企画との両立はとても大変でしたが、参加して本当によかったと思います。

初めはロボットも心理学もわからなかった高校生たちが、実際にロボットを見て、触れ合い、操作し、議論を重ねることで、ロボットに対する豊かな洞察を含む研究成果を得ることができました。生徒たちが苦手意識を克服し、継続して知りたいと思えることを発見できたことは支援者として冥利に尽きます。ロボットに関心を示し始めたころから、生徒たちはとても明るく自主的に研究に取り組んでいました。文理の壁に拘らず自分の好きなことを全力で追求するその姿勢を大事にしてほしいと願います。そのような真摯な態度が、たとえばロボットのいる社会のような、より豊かな人間社会の実現につながるのだろうと思います。

付録――ロボットの「人らしさ」を評定するために使用した質問項目（全20項目）

1　このロボットのことを本当の人間のように思ってしまいそうだ
2　このロボットの動きはぎこちない
3　このロボットは怖い
4　このロボットは生物のようだ
5　このロボットは目的をもっているようだ
6　このロボットにそのうち人間が支配されるのではないかと思う
7　このロボットは心をもっていそうだ
8　このロボットは感情があるように思う
9　このロボットは学習していないように思う
10　このロボットを見ているとロボットとは思えない気がする
11　このロボットは動きが遅い
12　このロボットは気持ち悪い
13　このロボットは他人と気持ちを共有できそうだ
14　このロボットは知性をもっているようだ
15　このロボットがいると人間の存在価値が薄れていきそうだ
16　このロボットは自分の意志をもっていそうだ
17　このロボットの見た目は人間らしい
18　このロボットの動作は不自然だ
19　このロボットは親しみやすい
20　このロボットは人間同士の関係性を壊してしまいそうな気がする

第8章 中高生における幸福な友人関係とは何か
――積み木構造仮説の提案

1 はじめに

京都府立洛北高校は、中高生にとっての幸福な友人関係とは何かについて取り組みました。具体的には、さまざまな条件を積み上げていくことによって主観的な幸福感が向上するという「幸福条件の積み木構造」という仮説を立てて検討をおこないました。質問紙調査により、基本的には条件を積み重ねることによって幸福度が増すことが明らかになり、仮説が支持されました。その一方、高く積めば積むほど幸福になれるという仮説では説明しきれない点があることが明らかになりました。今後の課題としては、積み木構造の高さを高くするだけではなく、理想を完成させることが幸福につながるという仮説の検証が求められます。

2　目的

ゴーブル(2)は、マズローが提唱した人間の欲求について次のように述べています。

（1）無数の基本的欲求が、人間を動機づけています。欲求とは、人類に普遍で、明らかに不変であり、発生的あるいは本質的な起源をもつものです。欲求は単に身体的なものではなく、精神的なものであり、簡単に無視・抑圧できる、善か中立なものです。個人の欲求、特に愛などの複雑な欲求は互いに密接に関連しています。

（2）基本的欲求には以下のような特徴があります。その欠如が病気を生む、その存在が病気を防ぐ、その回復が病気を治すというものです。ある非常に込み入った、自由な選択場面では阻まれている人によって、ほかの満足に先駆けてこれが選ばれます。健康な人では、低調で衰えているか、それとも働きません。

（3）欲求は生理的欲求、安全の欲求、所属と愛の欲求、承認の欲求、自己実現の欲求の五段階に分けられます。生理的欲求とは、最も基礎的で強力である、生命維持に関する欲求であり、食物、飲物、保護、性、睡眠、酸素への欲求が具体例として挙げられます。安全の欲求は、正常な人では満たされているが、子どもや神経症患者に認められる。彼らは一貫性、公正を好み、予測可能な世界を求めます。生理的欲求と安全の欲求が満たされると、所属と愛の欲求が現れます。愛の欠如は成長と可能性の発達を阻害するものであるとして、マズローは愛を理解する必要性を説きました。「愛とは深く理解され、深く受け入れられることです」というロジャースの定義を、マズローは好んで用いています。承認の欲求には、自尊心と他者からの承認の2種類があります。十分な自己承認をもっている人間はより自信があり、有能で、生産的である。安定した自己承認は周囲からの相応な尊敬にもとづいています。自己実現の欲求とは、「なることのできるものなら何にでもなろうとする願望」であるとマズローは述べています。

(4)　基本的欲求はヒエラルキーを形成しています。低次の欲求が満たされると即座に、より高次の欲求が現れ、それらの欲求が人間を支配するようになります。それらが満たされると新しい欲求が現れ、同様のことが続きます。すなわち生理的欲求が満たされれば安全の欲求が現れ，生理的欲求と安全の欲求が満たされると所属と愛の欲求が現れます。さらに愛情欲求が満たされれば承認の欲求が現れ、愛情欲求と承認の欲求が適度に満足されると、最も高次である自己実現の欲求が発生します。

本研究では幸福になるための条件を積み木のブロックに、個人の幸福の状態を積み木で出来たものに見立てました。これを「幸福の積み木構造」と呼ぶことにしました。自身の内省を元に、積み木構造は次のような五つの要素をもつと考えました。

(1)　条件（積み木）を積めば積むほど幸せになります。積み木を高く積むほど、条件を重ねるほど幸福度は増していくと考えました。この要素によって積み木の高さは幸福度に相当し、積み木の高さによって主観的な幸福度は他者と比較することができる、と考えました。

(2)　ある条件Aを満たせば、さらに厳しい条件Bに取り組むことができるようになります。条件にはいろいろなものがあるが、ある条件を満たさなければ達成できない条件があると考えました。たとえば「テレビを毎日見られる環境」という条件を満たすには「テレビを買うだけの財力」というのが必要です。

このように、条件を積むにはほかの条件が必要になることがあります。一方で、並列して並べられる条件もあります。前者を積み木を縦に積み重ねる状態、後者を横に並べて置く状態に見立てました。

（3）積み木の積み方は自由です。（2）のように万人に共通するルールはあるものの、積み方はある程度自由であると考えました。そのため、同じ条件を積もうとしても、ある人は別の条件の上に積もうとするが、またある人は並列して積もうとするかもしれないといえます。ここに「あなたにとっての幸福条件は何か」という問いに個人差が出ると考えました。

（4）それぞれ取り組んでいる状態が違います。（3）のように積み方の個人差が見られない場合、すなわち同じ積み方をしている2人で元の条件を積んでいるかによって次に必要となる条件が異なり、さらに個人差が生じます。

（5）（1）で積み木構造は高く積んでいくほど幸福度が増すと述べましたが、逆に何かのトラブルによって積み木構造が崩れてしまったときには幸福感が減ります。この現象が不幸感の正体だと考えました。

本研究では幸福が積み木構造をなしているという仮説を検討しました。マズローによれば、人間の幸せへの欲求は、階層となっていることが示されています[2]。本研究で仮定している「積み木構造」のように、「ある条件を満たすとさらにその上の条件を満たそうとする」ということです。マズローは階層を図8-1のように示しています。

この階層も我々の「積み木構造」と同じように、「人は下の基本となる欲求が満たされないと、その上の欲求を満たそうとしない」とされています。人は基本的欲求を満たさなければ、社会的欲求を満たそうとは思わないと言えます。社会的欲求まで満たすうえで、自己実現などといった成長欲求を満たそうとすることができるということです。

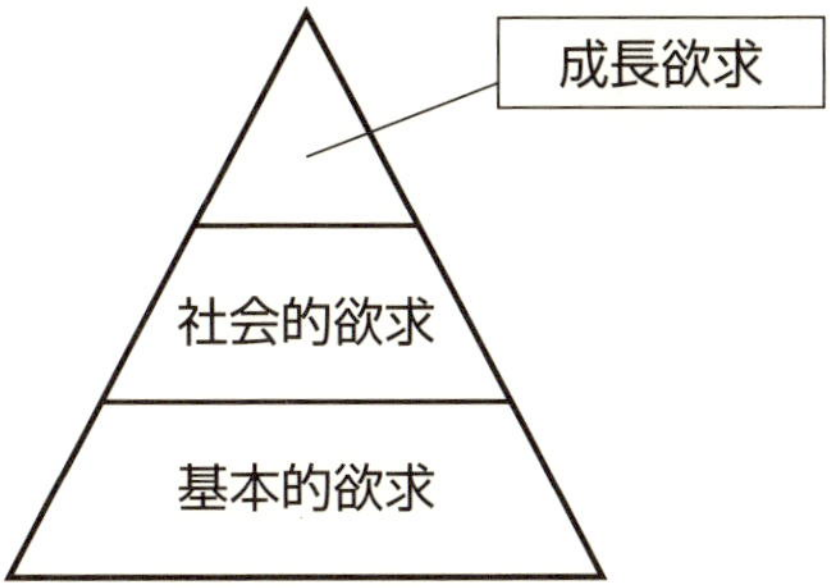

図8-1　マズローの欲求階層

ただし、本研究での「積み木構造」はマズローのモデルに加えて「積み木構造の完成度の重要性」を検討しています。世の中には二つの幸福の求め方があり、ある欲求を満たすとさらにその上の欲求を満たそうとする「高さ重視」の人、自分の理想に近づけていこうとする「完成度重視」の人がいると考えられます。しかし、マズローは「人は安定へ後退するか、それとも成長へ前進するか選ぶことができる」「成長は繰り返ししなければならない。恐れも繰り返し克服するべきだ」という主張をしています。つまり、マズローの見方によれば「自分の理想で満足してしまう完成度重視の人間よりも、その欲求を満たしても満足せずさらにその上を目指そうとする高さ重視の人間の方が個人の発達において優れている」と考えられます。しかし人びとの生活環境が欲求の求め方を変化させると考えられるので、マズローの欲求の階層のように「成長欲求」を一番上においた「高さ重視」の積み木構造では必ずしも十分ではないと考えました。したがってマズローの階層と本研究の「積み木構造」は、欲求を満たして、さらにその上の欲求を満たすという大きな前提条件が共通していますが、その「積み木構造」のしくみである高さ、完成度、という面ではマズローのものとは解釈が異なっています。

幸福感に関連する概念を測定する具体的な方法として、高倉[5]が生活満足度尺度を作成しています。対象は、沖縄県にある公立高校普通科の生徒106名（男子53名、女子53名）、公立高校職業科の生徒66名（男子のみ）の合計172名でした。生活満足度項目は2部構成の各34項目からなり，Ⅰ部はさまざまな生活領域の満足度を測定し，Ⅱ部はⅠ部と同じ生活領域の重要度を測定しています。この生活満足度尺度の因子として（同性の／同級生との／異性の／他学年との）友人関係が含まれています。生活満足度とは，自分の今の生活はどれだけ満ち足りていると感じるか，すなわち幸福感を感じるかをあらわすものであり，幸福感と似た概念と考えられます。したがって，生活満足度に関係するものは幸福度にも関係するといえます。高倉の研究[5]で生活満足度と友人関係は関連があると示されました。この研究から，我々は友人関係が高校生において重要であると考えました。

人間だれしも幸福になることを求めるものです。そこで幸福を感じるのはどのようなときであるか，また，幸福になるためにはどのようにすればよいのかを明らかにすることが重要であると考え，研究の対象としました。そこで本研究では，学業，部活動，友人関係，上下関係といったさまざまなものさしで見ることができ，かつ規模や動機の異なる決まったメンバーで行動することの多い，高校生および中学生を対象に質問紙調査をすることで，中高生にとっての幸福になるための条件が何であるかを明らかにすることを試みました。

3　方法

調査は洛北高等学校1，2年生および附属中学校1，2，3年の生徒を対象にしました。高校生については2014年2月7日，中学生については2014年2月14日の授業時間内に質問紙調査を実施しました。有効回答数は361名でした。男女，学年の内訳については**表8-1**に示しました。

調査に使用した質問紙は以下の三つでした。

表 8-1　有効解答数

	中１	中１	中３	高１	高２	高３
男子	37	34	42	33	34	180
女子	39	37	32	38	30	173
不明	0	1	0	3	6	8
合計	76	72	74	70	69	361

友人関係尺度(4)

17項目を抜粋し三つの分野，内面的関係・気遣い・群れに分けました。そして，それぞれの分野において６段階の評定を求めました（得点が高いほど各特徴が顕著であると考えられます）。この尺度には，内面的関係には「友達に心を打ち明ける」，気遣いには「友達といるとき，楽しい雰囲気になるよう気をつかう」，群れには「１人の友達と特別親しくするよりグループで仲良くする」などの項目がありました。また研究を進める中でこれらの三つの分野を普段の経験から，内面的関係〈気遣い〉群れの順に友人関係として成熟していると考えました。

ＡＯＫ孤独感尺度(1)

10項目それぞれで２段階の評定を求めました（得点が高いほど孤独感が高いと考えられる）。この尺度には「あなたのことを本当に理解してくれる人がいますか」などの項目がありました。

主観的幸福感尺度(3)

13項目それぞれで４段階の評定を求めました（得点が高いほど幸福感が高いと考えられ

ます）。この尺度には「あなたは人生が面白いと思いますか」などの項目がありました。

4　結果

性別・学年ごとの各尺度得点の平均値について**表8－2**に示しました。性別や学年による各尺度得点の大きな差は見られませんでした。また幸福感尺度と孤独感尺度との間の相関係数が負になりました（$r = -.46$　$p < .001$）。さらに友人関係尺度の３要素と幸福感尺度との間の相関係数は**表8－3**のようになりました。

5　考察

幸福感尺度と孤独感尺度の相関係数より、孤独感が低いほど幸福であることが明らかになりました。また、友人関係尺度３要素と幸福感尺度の相関係数より、成熟した友人関係を意識した方が幸福になりやすいことが明らかになりました。

本研究では高さが幸福感を増すだけではなく、完成度が幸福感を増すのではないかと仮説を立てていました。**図8－2**左側のような積み木構造の場合、欲求は上に上に積まれていくため上限がなく、自分のなかで完全な幸せにたどり着くことは難しいです。たとえば、「友達を作りたい」という欲求が満たされれば、次の段階である「たくさんの友達を作りたい」や、「気の合う友達を作りたい」というような欲求がでてきます。それに対して**図8－2**右側のような積み木構造の場合、自分のなかでの理想な完成形がはっきりと決まっています。そのため、積み木の完成度が１００％になるとそれ以上積み木を積もうとしなくなり、１００％の主観的幸福感を得たということになります。たとえば、友達を５人もつということを完全な目標としている人は友達

表 8-2　性別・学年ごとの各尺度得点の平均値

	友人関係尺度						幸福感		孤独感	
	内容		群れ		気遣い					
	男性	女性	男性	女性	男性	女性	男性	女性	男性	女性
中 1	3.75	3.81	3.85	3.89	3.86	5.08	2.72	2.87	1.97	1.97
中 2	3.68	3.82	4.11	4.09	3.88	4.10	2.76	2.67	2.21	2.21
中 3	3.71	3.93	4.23	4.19	3.87	4.23	2.86	2.77	1.81	1.81
高 1	3.95	4.05	4.20	4.07	3.96	4.14	2.75	2.69	1.76	1.76
高 2	3.82	4.03	3.90	3.70	3.81	3.66	2.76	2.82	2.11	2.11

表 8-3　3 要素と幸福感尺度の相関係数

	内面的関係	気遣い	群れ
相関係数	0.30	0.25	0.17

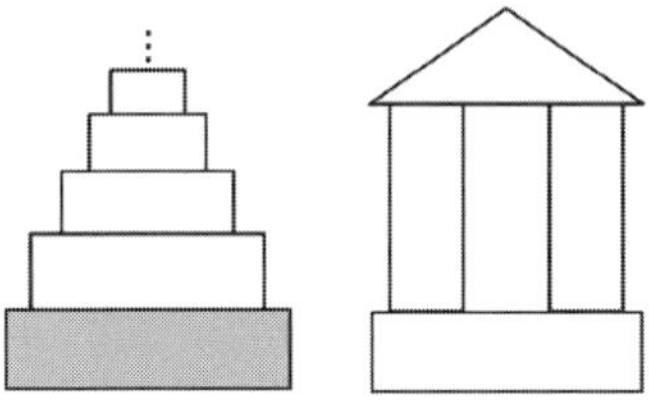

図 8-2　高さモデル（左）と完成度モデル（右）

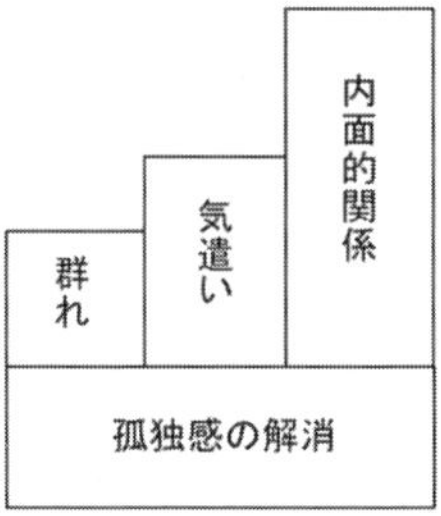

図 8-3　中高生における積み木構造

が５人できると１００％の幸福を感じ、それ以上多くの友達を必要とすることはありません。

本研究における積み木構造は、マズローの基本的欲求に関する理論と、種々の条件を階層的にとらえることが出来るとしている点で類似していますが、相違点も存在します。

第一にマズローは欲求の階層構造を、生理的欲求の次は安全の欲求，安全の欲求の次は親和の欲求……というように、Ａの次は必ずＢ、Ｂの次は必ずＣといった直線的なものとしていますが、本研究では積み木の積み方に、Ａの次にＢが来ることもありＣが来ることもあるというような自由度をもたせています。これは、マズローは人間の欲求という根源的な問題をテーマとしたのに対し、本研究では「中高生の友人関係」という主観によって影響される分野をテーマとしているためです。第二にマズローの理論は人類に普遍かつ不変であるとしていますが、上記の理由から、本研究の積み木構造は個人差が存在することを前提としています。第三にマズローはごく短い瞬間しか満足することは無いとしたのに対し、本研究では積み木構造の完成、つまり現状に満足する時点が存在するとしています。以上のマズローと比較した際の３点の相違点が本研究の新しい点であるといえます。

これらの結果から、中高生の友人関係における幸福感について、積み木構造が存在することが明らかになりました。この積み木構造は、積み木をただ単に上にどんどん積み上げていくというものではなく、一番下に孤独感の解消という土台があり、図８－３のように土台の上に群れ、気遣い、内面的関係の三つの要素があると考えられます。この三要素については群れ、気遣い、内面的関係の順に友人関係の成熟度が増すと幸福感が増すと考えられます。よって、中高生が幸せになるには積み木構造の土台である孤独感を解消したうえで友人関係を成熟させるべきだと考えられます。つまり、幸福感を得るためにはまず孤独感を解消することが必要であるといえます。

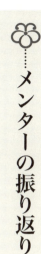

メンターの振り返り

洛北高校では参加を希望する生徒が20名強と予定より多かったため，なるべく興味の近い生徒が同じ班になるようにして、８名程度の三つの班に分かれて研究をおこないました。その際、大学院生がそれぞれの班にメンターとしてサポートをおこないました。具体的なスケジュールは班ごとによって異なりますが、共通スケジュールとしてまず班員の興味についてディスカッションをおこない、研究論文を読んでレポートを作成し、研究者にインタビューをおこなってから実際の調査に取り組みました。

杉本匡史（京都大学教育学研究科　博士課程大学院生　＊初版刊行時）

私が担当した班では「中高生において幸福な人間関係は何か」ということをテーマにして調査しました。

私自身、高校生が研究をおこなうという試みに関わるのは初めてだったため、最初はアシスタントとして何をすればいいのか見当がつかないところがありました。しかし実際に洛北高校に伺ってみて気付いたのは、参加した高校生が自分自身の疑問や考えをすでにもっているうえに、非常にやる気に満ちていたということでした。そのためサポート役としての主な仕事は、彼らの論理をどのようなデータで示せばいいかということや、心理学の研究方法や具体的な資料の調べ方など、「どのように研究をするか」ということに関してのアドバイスをすることでした。シンポジウム終了後の班員のコメントでは「自由に研究していいとなると何をやればいいのかわからなかった」というものがいくつかありましたが、具体的な研究方法やその結果を効果的に見せる方法さえ理解してしまえば彼らは非常にスムーズに研究をおこなうことができていました。

また班員のコメントには「発表で緊張した」というものが多く見られましたが、ひいき目を抜きにしても、資料も当日話した内容もよくできていたと思います。とくに発表直前には多くの班員が集まって資料の作成や発表の練習を何度もおこなっており、十二分な発表ができたのは彼らの努力のたまものであると考えています。

後藤崇志（京都大学教育学研究科　博士課程大学院生　＊初版刊行時）

私の担当した班では、「幸福・不幸を決めるものとして何を重要視するか」に着目した調査をおこないました。研究の方向性は、彼女らから挙げられた疑問のうち「幸福を感じるために必要なものに、人によって違いはあるのか」を膨らませたものです。大石繁宏先生の『幸せを科学する——心理学からわかったこと』（２００９年、新曜社）を分担して読んだり、京都大学こころの未来研究センターの内田由紀子先生にインタビューしたりして、調べたいことを形にしていきました。

調査の設計やデータ分析、ポスター作成も、生徒自身の手で進められました。どうすれば質問紙で自分たちの調べたいものに近づけるかを考え、一から質問紙を作成して調査に臨みました。統計解析ツールのＨＡＤ（http://norimune.net/had）を使った分析に四苦八苦しながらも、最後まで彼女ら自身の手で研究をまとめあげることができました。

心理学の一般的な考え方を伝えたり、資料を紹介したりもしましたが、理解して応用してもらうというよりは、必要な点のみをhow toとして伝えることが多かったと思います。物事を科学的に調べることについて考え、興味をもってもらいたい、そのために、自分たちの疑問について十分に考えて進めてほしいと思っていたためです。

「日々の課題にこの企画の作業が加わり、大変なことは多々あった」「言葉のニュアンスに悩まされたり、慣れないエクセルを使って集計したりと、苦労も多かった」という感想もあり、負担が大きくなりすぎたかと少し反省もあります。しかし、「〈幸せ〉について研究する意味はあるのか。統計的なデータで表すことにメリットはあるのか。」という疑問に自分なりの答えを考えたり、「どうとらえるかによってさまざまな考え方ができて、堂々巡りのようになってしまうことも多かった」と結論を出すことの難しさを感じたりという感想もありました。彼女らにとって何かしら実のある経験として役立ってくれたなら幸いに思います。

熊木悠人（京都大学教育学研究科　博士課程大学院生　＊初版刊行時）

洛北高校に与えられたテーマは「幸福感」。抽象的なテーマに生徒さんたちは戸惑いの色を浮かべていました。そこで、どんなときに自分が幸せだと感じるか、それぞれに思い思いのことを言ってみることにしました。すると、人によって幸せの感じ方はさまざまでした。では、その違いってどこから来るのだろう？　そういう素朴な疑問が生まれました。「その人の性格の影響が大きいのでは？」「幼児期の経験が重要な気がする」、いろんな意見が出てきました。そういう一人ひとりの意見をできるだけ多く取り入れて、研究計画を立てていきました。「幼児期の経験」を調べるため保護者にも質問紙をとるという案が出ました。高校生には気質や幸福感を調べる質問紙を、保護者にはその高校生が幼児だったときの経験を尋ねる質問紙をそれぞれ実施し、その両者の関係について調べることにしました。幼児期から高校生へという時間軸を入れ込み、他の班とは違うオリジナリティあふれる研究計画になりました。

質問紙を回収したら、集計して分析をおこないます。皆で何度も集まって分析をおこないましたが、なかなか予想していたような結果にはなりませんでした。とくに、「幸福感」や「何を幸福と考えるか」という「幸福への志向性」と「幼児期の経験」との間に目立った関連が見出せませんでした。「気質」や「幸福への志向性」と「幸福感」との間にはさまざまな関連性が見られたので、そちらをメインに発表しようという提案しましたが、生徒さんの間では、「幼児期の経験」にこだわりたいという意見が多く、目立った関連が見られなかったところも発表内容に組み入れました。

彼女たちにとっては、論文を読むのも、エクセルを使うのも、ポスターを作るのも初めてで、正直に言ってとても大変だったと思います。しかし、彼女たちは最後の発表までしっかりやりきってくれました。その過程で、論理的に思考して研究計画を立て、得られた数値を適切に解釈することや、わかりやすく発表して人に伝えることの難しさ、大切さを学ぶことができたのではないかと思います。今後、彼女たちがさまざまな場に出て活躍していくなかで、今回の経験が何らかの役に立ってくれることを願っています。

第9章　ほかの動物にはない人間らしい心とは何か

1　はじめに

滋賀県立膳所高等学校は、1年生と2年生各4名ずつ二つのグループに分かれ、それぞれでヒトらしい心のはたらきについてアイディアを出して、問題を設定しました。今回は、ヒト以外の動物のなかでも、霊長類に注目しました。そして両グループとも、京都市動物園のチンパンジーとゴリラ、そして膳所高校の生徒を対象に調査をおこないました。

1年生は、「人間は温かいコーヒーカップを持つと、優しくなる」という現象をとりあげたテレビ番組の話題をきっかけに、身体と心の関係性についてヒトとヒト以外の霊長類との共通点があるかどうかを調べることとしました。一方、2年生は、友人との日頃のつきあいのなかで、視線や表情、行為といった言葉以外のふるまいから私たちはどのようなことを読み取っているのかという素朴な疑問から、ヒト以外の霊長類の模倣を調べることとしました。

本章では、2節で1年生の調査、3節で2年生の調査を報告し、4節の総合考察で、各学年の調査における発見と今後の課題を紹介します。

2　身体と心のウォームネス（warmness）——チンパンジーも心があたたかくなるのか

問題

「あたたかい」あるいは「つめたい」という表現は、私たちの身体があたたかい・つめたいと感じたときだけでなく、周囲の人の印象について述べるとき（例——彼はあたたかい人だ）にも使われます。こうした表現は、単なる比喩かもしれません。しかし、人間は、身体で温かさを感じると、他者のことを「あたたかい」と感じることがあります。たとえば、温かい飲み物をしばらく持ち、一時的に身体を温めると、見知らぬ他者をより好意的に感じるようになります。[7] さらに、核磁気共鳴機能画像法（functional-magnetic resonance imaging: fMRI）を使って、①温かい物を手に持っている間と、②友人や家族からの好意的なメッセージを読んでいる間の成人の脳活動が調べられました。その結果、線条体《せんじょうたい》と島《とう》という脳部位が①と②の両方で活動しました。線条体は、報酬を得たり快の感情を抱いたりしたときに、次の行動を動機づける働きがあります。島は、痛みなど身体への刺激の強さや快さを評価する働きがあります。ここで興味深いのは、身近な人からの好意的なメッセージを読むときにも、身体で温かいと感じるときと同じような方法で「あたたかい」と評価している可能性があることです。このことから、人間の心と身体の間には、密接なつながりがあるとわかります。

じつは、人間以外のほ乳類にも温かい物を求める習性があります。ハーロウ[4]はアカゲザルの前に、綿で作られた人形と、針金で作られた人形を並べて置きました。するとアカゲザルは、針金のつめたい人形よりも綿のあたたかい人形の方に、より長い時間抱きついていました。生命を維持するために温かい物を求めるという本能的な性質が、ほ乳類では他個体と社会的な関係を築くためにも利用されることが示唆されます。

ここで人間を「ヒト」という動物として見ると、ヒト以外の動物、特にほ乳類のうちのいくつかの動物種でも、身体が温かくなることで他者に近づくなどの接近行動を見せる可能性があります。そこで私たちは、京都市動物園のご協力のもと、チンパンジー5個体を対象とした観察調査をおこないました。室内外の温度差を利用して、チンパンジーの身体が温かい・冷たい状況を作り出しました。そして見慣れない対象を見つけたときのチンパンジーの行動を分析しました（調査①）。また、ヒトを対象に環境内の温度を変えることによる、他者の印象への効果を調べるために、同じ高校の生徒を対象とした調査をおこないました（調査②）。

各調査を始めるにあたり、次のような仮説を立てました。調査①については、二つの仮説を考えました。一つは、チンパンジーも身体を温められた方が、見慣れない物体に接近行動を頻繁にしめすだろう、もう一つは、チンパンジーはヒトとは異なり、身体を温められても物体に接近しないだろう、ということです。調査②については、先行研究と同様に、ヒトは身体的な温かさを感じると、他者に好意的な印象をもつ、と考えました。

調査①　チンパンジーの行動観察

私たちは、2014年3月3日と3月5日の2日間、京都市動物園類人猿舎で飼育されているチンパンジー5個体（成体オスのジェームズとユウキ、成体メスのスズミとコイコ、未成体オスのニイニ）の行動を観察しました。彼らにとって見知らぬ対象として、動物のぬいぐるみ2個を用いました（**図9-1**）。実験条件として、室温18度の

室外条件と室内条件それぞれに同一のものを２種類ずつ，計４個使用した

図9-1　調査に用いたぬいぐるみ２種類

暖かい室内条件（図9-2a）と、外気温15度の寒い室外条件（図9-2b）の２種類を設けました。12時半に室外条件、14時に室内条件の行動観察をおこないました。室内ケージ条件ではおやつの時間と重なったため、室内にはエサが置いてありました。室外条件では、飼育員がぬいぐるみを屋外ケージに投げ入れました。室内条件では、ぬいぐるみをあらかじめ室内ケージ内に置いておきました。各条件30分間のチンパンジーたちの行動をビデオで記録しました。

録画した映像から、各チンパンジーが見せたぬいぐるみに対する行動を分析しました。３月５日は悪天候のため、屋外でのチンパンジーの行動を観察できなかったので、３月３日の行動を分析対象としました。ぬいぐるみに対する行動を、①ポジティブ（例――なでる、なめる）、②ニュートラル（例――見つめる、置く）、③ネガティブ（例――引きちぎる、投げる）の３種類のカテゴリーに分類しました。これらのカテゴリーは、「観察者の直感」または「自分がその行動をおこなうときの感情」を基に設定しました。そして各カテゴリーの行動が見られた回数および行動の継続時間を条件ごとに集計しました。

その結果、両条件ともぬいぐるみを「なめる」「ふりまわ

白いぬいぐるみに口を寄せるコイコ。

ぬいぐるみを手にもって振り回すスズミ

図 9-2　室外条件・室内条件でのぬいぐるみに対するチンパンジーの様子

表9-1　各条件でのぬいぐるみに対するチンパンジーの行動の生起時間および生起回数とその内訳

室外条件	ポジティブ	ニュートラル	ネガティブ
行動の生起時間(秒)	169	285	50
行動の生起回数(回)	12	14	8
行動内訳(回数)	キス(3)	おてだま(2)	投げる(4)
	舐める(3)	振る(6)	ちぎる(1)
	抱く(3)	持つ(3)	たたきつける(1)
	枕にする(2)	上に持ち上げて振る(1)	歯で引き裂く(1)
	しっぽに顔をつける(1)	持ち上げる(1)	たたいてつぶす(1)
		置く(1)	

室外条件	ポジティブ	ニュートラル	ネガティブ
行動の生起時間(秒)	3	367	14
行動の生起回数(回)	2	28	9
行動内訳(回数)	キス(2)	見る(8)	投げる(6)
	口に入れる(1)	触る(6)	ちぎる(2)
		持つ(3)	つぶす(1)
		におぐ(6)	
		落とす(2)	
		横で寝る(1)	
		つつく(1)	
		ころがす(1)	

す」など多様な行動が観察されました（**表9-1**）。室外条件に比べ室内条件の方が、ポジティブな行動の種類・回数がともに減少し、ニュートラルな行動が増加しました。ネガティブな行動に関しては、行動の種類は室外の方が多いですが、回数については室内外の差はほぼ認められませんでした。各カテゴリーの行動継続時間の合計についても、室外条件に比べ室内条件の方が、ポジティブな行動の生起時間が減少し、ニュートラルな行動の生起時間が増加しました。一方、ネガティブな行動の生起時間に関しては、行動の生起回数とは異なり、室外に比べ室内の方が減少する傾向にありました。

　これらの結果から、「身体を温められた方が、見慣れない物体に接近行動を頻繁にしめす」「チンパンジーはヒトとは異なり、身体を温められても物体に接近しない」のいずれの仮説についても、支持することはできませんでした。その理由として、次のような手続き上の課題が考えられます。

一つ目は、ぬいぐるみを入れるタイミングです。とくに室内条件ではぬいぐるみ投入時間がエサの時間と重なったので、ほとんどのチンパンジーの興味はまずエサの方に集中してしまいました。ぬいぐるみだけが投入される状況を作ることで、チンパンジーのぬいぐるみに対する興味は増し、より多くの行動が観察できたと考えられます。

二つ目はぬいぐるみの投入方法の違いです。設備の設計上、室外条件ではケージ上部からぬいぐるみを投入しましたが、室内条件ではぬいぐるみを予めケージ内に置いておきました。この場合、室外条件の方が、チンパンジーはぬいぐるみを見つけやすかったと考えられます。ぬいぐるみへの注目のしやすさを両条件で揃えることも必要です。

三つ目は、室内外の気温です。今回、調査時の天候により、室外と室内の気温差が小さかったために、行動の明確な違いとならなかったとも考えられます。

最後に、最も重要な点として、ポジティブ・ニュートラル・ネガティブの行動の分類の難しさがあります。各行動の分類基準の決定、またその基準に合った行動の分類のいずれも大変困難でした。たとえば、飼育員の方に普段の行動の様子を詳細にうかがったり、継続的に行動を観察したりして、行動の分類基準をより明確にする必要があります。

調査②　ヒトの身体の温かさが他者の印象に与える影響

私たちは、２０１４年３月７日の放課後、同じ高校に通う１年生78名（男子43名、女子34名、不明１名）を対象に、身体が温かくなることで見知らぬ他者の印象がよくなるかどうかについて調べました。動物園の調査時と同様の環境を設けるため、私たちは次の四つの条件を作りました。

（1）暖かい部屋条件――室内は、外気温（気温5・7度）より10度高くしました。
（2）寒い部屋条件――室内は、外気温と同じ温度でした。
（3）カイロあり条件――外気温と同じ室温の教室で、参加者にカイロが配布されました。参加者は左手にカイロを握りました。
（4）カイロなし条件――外気温と同じ室温の教室で、参加者には何も配布されませんでした。

私たちは、女性顔のデータベースのなかから中立な表情の顔写真一枚を選んで「見知らぬ他者」としました。参加者は、①から④のいずれかの部屋に入った後、心の暖かさと冷たさに関連する18種類の形容詞対（例――優しい-優しくない）と女性顔が印刷された用紙が配布されました。そして各形容詞対のそれぞれについて女性顔の印象がどの程度あてはまるか6段階で評価しました[1]。

評価された形容詞対18種類を統計的に解析（因子分析）し、他者の印象を、三つの因子（解釈しやすい三つのかたまり）に分けました（表9-2）。そして三つのかたまりをそれぞれ「真面目でかしこい」「存在感がある」「やさしい」と命名しました。次にそれぞれのかたまりに該当する項目の平均値を算出し、三つの印象得点としました（表9-3）。最後に、実験条件ごとの平均点の差が、偶然によるものではなく実験の効果によるものといえるかどうかを確かめるために、別の統計解析（分散分析）をおこないました。その結果、三つの印象得点の条件ごとの平均値の差は、実験の効果によって生じたとはいえませんでした。これは、実験条件ごとの平均値に多少の違いがありますが、それは実験の効果ではなく、単に偶然生じたものである可能性を捨てきれなかったこ

表 9–2　形容詞対 18 種類の因子分析結果

項目	Factor1	Factor2	Factor3
真面目でかしこい（$\alpha = 0.81$）			
賢い	0.802	− 0.161	0.182
粘り強い	0.645	− 0.045	0.071
正直である	0.540	0.003	0.339
おしゃべりである	0.524	− 0.047	0.146
気が利く	0.515	0.164	0.213
真面目である	0.497	− 0.146	− 0.258
信頼できる	0.443	0.269	− 0.138
重要である	0.427	0.294	− 0.202
存在感がある（$\alpha = 0.64$）			
人気がある	− 0.064	0.929	0.109
社交的である	− 0.059	0.546	− 0.035
美人である	0.227	0.477	− 0.010
やさしい（$\alpha = 0.64$）			
幸せそう	0.107	0.171	0.633
穏やかである	− 0.177	− 0.128	0.574
気前が良い	0.239	− 0.086	0.549
利他的である	0.137	− 0.174	0.438
思いやりがある	− 0.247	0.351	0.408
想像力がある	0.058	0.197	0.348
因子間相関		Factor2	Factor3
	Factor1	0.427	− 0.126
	Factor2	−	0.044
	Factor3		−

表 9–3　実験条件別の印象得点基礎統計

	真面目でかしこい	存在感がある	やさしい
条件		平均値（SD）	
暖かい部屋	3.19（0.18）	3.15（0.21）	3.18（0.17）
寒い部屋	4.04（0.19）	3.53（0.21）	3.34（0.18）
カイロあり	3.69（0.19）	3.31（0.22）	3.39（0.18）
カイロなし	3.50（0.20）	2.98（0.23）	3.30（0.19）

とを意味します。

今回の調査では、先行研究通りの結果は得られませんでした。その理由として、ヒトの実験に関しても室温の調整が難しかったことが挙げられます。また、カイロの温度が想定よりも低く、カイロあり／なし条件で明確な温度差がなかったことも考えられます。さらに、実験条件以外の影響が実験の効果に混ざってしまったことも考えられます。今回の調査は条件ごとに異なる部屋の、異なるグループを対象におこないました。すなわち、温度以外の条件をすべて同じに揃えられなかったことが他者の印象に何らかの影響を及ぼしたため、温度の効果がはっきりと見られなかったことも考えられました。

考察

私たちの調査からは、「ヒトと同じ霊長類のチンパンジーも、身体があたたかくなると優しくなる」という仮説を支持できませんでした。しかし、ぬいぐるみを投入した時間帯以外のチンパンジーの行動に、興味深い発見がいくつかありました。

まず、餌の時間のなかで、母親チンパンジーのコイコは自分の手にあるりんごを自分の子のニイニに与えていました。野生チンパンジーでは、子どもがねだる行為を繰り返さない限り、親が子に餌を与えることがほとんどないことと比べると、コイコはニイニに対してとても寛容であるようです。また、父親チンパンジーのジェームズとニイニが室内ケージで遊んでいる様子も観察できました。ジェームズはニイニの足をひっかけて、ニイニを転ばせているように見えました。そのときニイニは口を大きく開けて笑っているようでした。

生命維持のために温かい物を求める本能的な性質が、ほ乳類では、他個体との社会的な関係の構築にも利用されている[(4)]とすれば、もっとも基本的な形は、親子間で見られるとも考えられます。今回観察された親子での行動は、他種の私たちにもとても社会的で親子間の愛着を感じさせるものでした。ヒトで見られるような他者への接近行動は、こうした親子の愛着のような関係が血縁関係以外にも適応されるようになった結果かもしれません。

しかし、進化的になぜ、そしてどのようにしてヒトは親子以外の他者にも好意を抱き、積極的に関係を築くようになったのかについては、まだよくわかっていません。今後は、ヒト以外の霊長類がどのような群れで生活し、他個体との関係をどのように築くのかや、動物園での彼らの普段の生活を踏まえた行動分析の方法を考えることが重要だと考えます。

3　人のサルまね――模倣によって人とゴリラは仲良くなれるのか

問題

私たちはどのようにして他者の印象の良し悪しを判断するのでしょうか。私たちは、言語を使って他者とコミュニケーションするだけでなく、他者と視線を交わしたり、他者の行為を観察したりもしています。こうした言語以外の情報のなかでもとくに他者の行為を観察する経験は、他者の印象形成にどのように影響するでしょうか。

私たちは「逆模倣」という現象に注目しました。逆模倣とは、他者から模倣されることです。興味深いことに、人は他者から模倣されると、その他者に対して好意をもつようになります。あなたは、初対面の相手と会話をしました。じつは相手は、あなたのふるまい（例――頬杖をつく、足を組み替える）を模倣していました。あなたは、真似されていることに気づいていないにもかかわらず、あなたのふるまいを模倣しなかった相手よりも、模倣した相手を好意的だと評価します。[2] 模倣は、他者と良好な関係を築くのにとても重要な役割を果たすことがわかります。

さらに興味深いことに、ヒト以外の霊長類も逆模倣を認識していることが示されています。飼育下のチンパンジー、ゴリラ、オランウータンを対象に次のような実験がおこなわれました。[5] ヒトの実験者が対象個体と対面して座り、対象個体の動きを即座に真似する（逆模倣）か、またはその動きとは異なる動きをしました（非模倣）。その結果、チンパンジーは、非模倣に比べ逆模倣の最中に、自分の行動を少し変えて実験者の反応を伺う行動をより多く示しました。この結果は、他個体が自分と同じ行動をおこなっているかどうかを認識できることを示しています。

しかしながら、ヒト以外の霊長類の子どもが模倣者に好意を抱くかどうか、たとえば、接近行動を示すかについてはわかりません。そこで今回私たちは、京都市動物園の類人猿舎で、実験者がチンパンジーおよびゴリラの行動を模倣しているときの各個体の行動を分析しました。そしてヒト以外の霊長類も模倣する実験者に接近的な行動を示すのかを調べました。また、先行研究[2]と同じ調査を高校生を対象におこない、同じ結果が得られるのか確かめました。

調査①　ゴリラの逆模倣効果

私たちは、２０１４年3月5日に京都市動物園類人猿舎の室内ケージ前で、チンパンジー2個体とゴリラ3個体を対象に、逆模倣の効果を調べました。私たち自身が実験者となり、逆模倣条件（実験者が対象個体と対面し、その動きと同じ行動をおこないました。）または、非模倣条件（実験者が対象個体と対面し、対象個体の行動とは異なる行動をおこないました。）の行為をおこないました（図9－3）。

逆模倣条件：実験者はゲンタロウと同じ決めポーズをした
非模倣条件：手を叩くゲンタロウの前で実験者は両腕を振った

図 9-3　逆模倣の効果を調べた実験の様子

まず、私たちは約3分、対象個体が実験者に興味を示すよう、対象個体の名前を呼ぶ、手を振るなどをゲージのガラス越しにおこないました。そのあと、約30秒の逆模倣フェーズと約30秒の非模倣フェーズを交互におこないました。逆模倣フェーズと非模倣フェーズは実験者を交代しながら合計6フェーズおこないました。その間の実験者と対象個体の行動をビデオで録画しました。

録画映像を、以下の点で分析しました。まず、各フェーズで対象個体が実験者に注意を向けていた時間を求めました。チンパンジー2個体とゴリラのモモタロウ、ゲンキは、実験を通して注意を向けた時間が非常に短かったため、分析できませんでした。したがって、ゴリラのゲンタロウ（モモタロウとゲンキの子）の行動のみを分析しました。録画映像のうち、ゲンタロウが実験者に注意を向け続けた8分15秒間を分析対象としました。次に、各フェーズ（逆模倣／非模倣）中、対象個体が特定の行為をおこなった回数および持続時間を求めました。ゲンタロウの行動を6種類に分類し（**表9-4**）、各行動が生起した回数、および持続時間割合を計算しました。

その結果、非模倣条件に比べ、逆模倣条件で、ゲンタロ

表9-4　ゲンタロウが実験者に対して示した行為とその様子

行為の名前	行為の様子
ごろごろ	ごろごろと仰向けに寝転がる
走る	ガラス越しに対面して左右に走る
決めポーズ	手をガラスにつけたまま停止する
回転	身体をくるりと回転させる
ぐるぐる	手をぐるぐると回す
手をたたく	両手をたたく

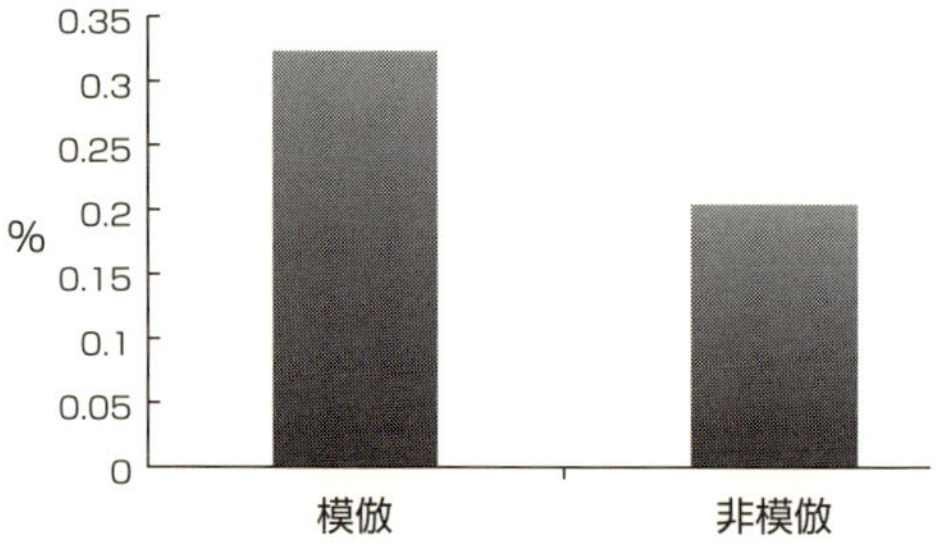

図9-4　ゲンタロウが実験者に対して注意を持続させた時間割合

ウの実験者への注意の持続時間が長くなりました（図9-4）。また、非模倣条件に比べ、逆模倣条件で、「ごろごろ」「決めポーズ」「ぐるぐる」の3種類の行動の平均生起回数、継続時間ともに増加しました（図9-5）。

これらの結果から、ゴリラのゲンタロウは、私たちの逆模倣行為と非模倣行為を区別していたと考えられます。その理由は、逆模倣条件と非模倣条件で、ゲンタロウの注意や行動の持続時間が異なったためです。ただし、今回の実験では、先行研究のような少し違う行為をしてこちらを伺う行為は見られませんでした。なぜなら、室内ケージが広く、ゲンタロウの細かい動きの違いや、行為の切り替わるタイミングの詳細な設定が難しかったからです。対象個体と対面しやすい環境で再度調査することで、逆模倣の認識の有無が確認できると考えられます。

また、ゲンタロウが、非模倣実験者に比べて逆模倣実験者を好むかどうかに関しても、部分的に支持されたと考えられます。なぜなら、非

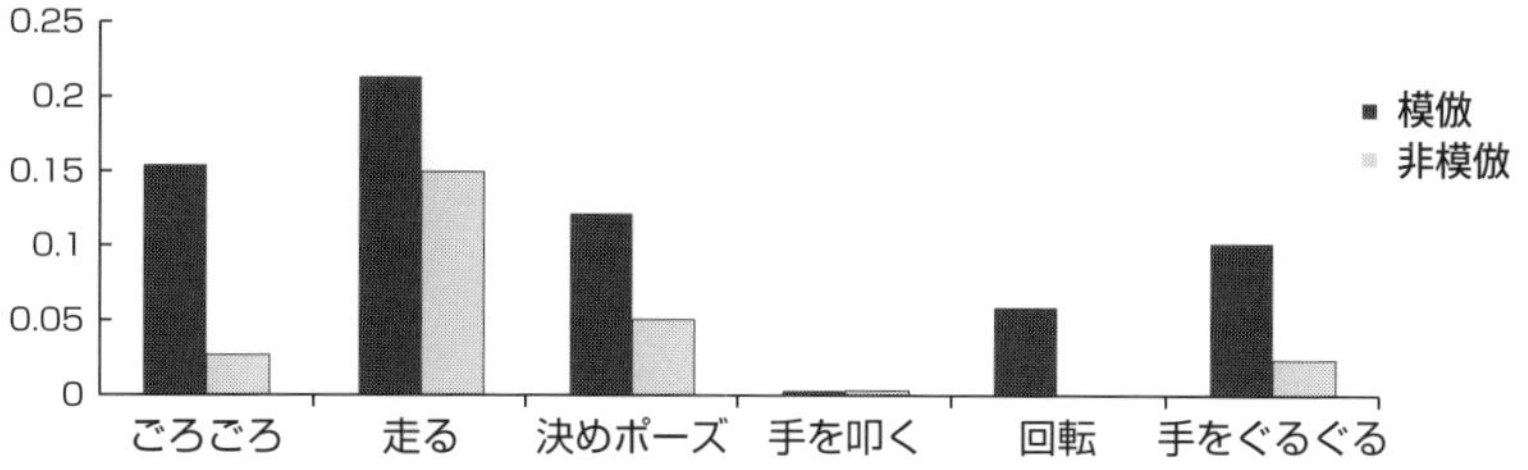

ゲンタロウが実験者に対して示した行動の継続時間割合

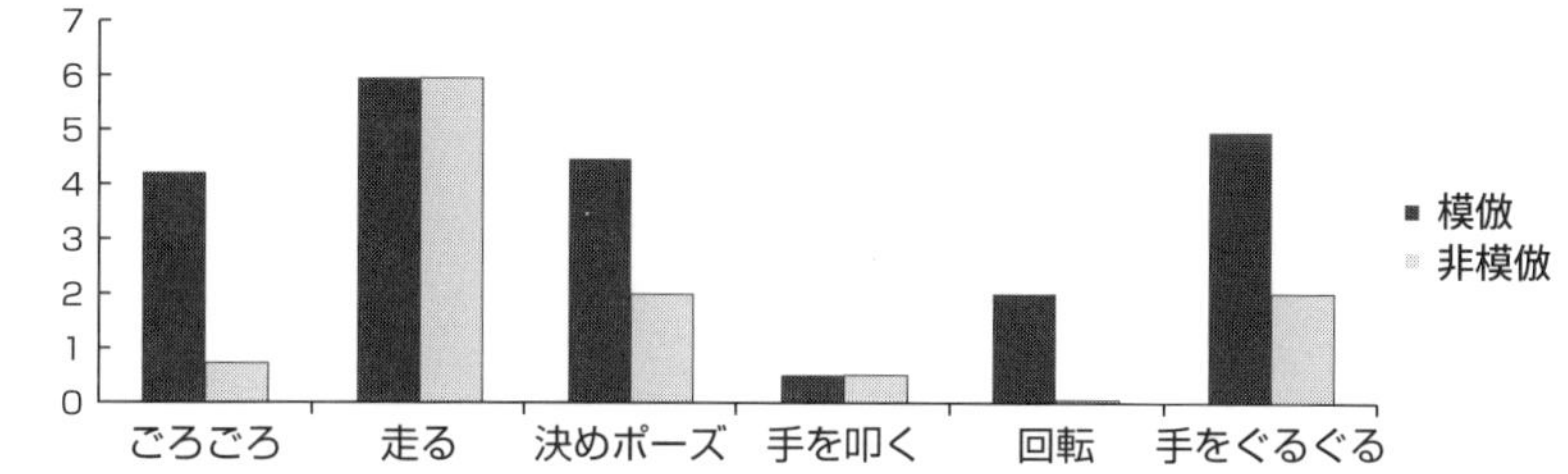

ゲンタロウが実験者に対して示した行動の平均生起回数

図 9-5　ゲンタロウの実験者に対する注意の持続時間

模倣条件に比べて、逆模倣条件で、ゲンタロウの注意や行動の持続時間が長くなったためです。ゲンタロウは人工哺育で育ったため、ヒトへの興味が他の個体より強い傾向があると考えられます。したがってゲンタロウは模倣者に何らかの接近的な感情をもったのかもしれません。ところが詳しく見ると、「決めポーズ」の行動カテゴリーのなかに「ドラミング（身体を大きく見せて胸に腕をたたきつけるポーズ）」が含まれていました。ドラミングは、他個体に対する威嚇や、自己主張の表れと言われています。このことからゲンタロウは、模倣者に対して自分の方が優位個体であることを誇示していた可能性もあります。異なる動物種における逆模倣の機能については、慎重に検討する必要があります。

今回はゴリラのゲンタロウという一個体の行動のみが分析対象となったため、今回の調査結果がどのくらい一般的に当てはまるのかについて、課題が残りました。

調査②　ヒトを対象とした逆模倣効果

私たちは、ヒトの逆模倣が他者の印象形成に影響を与えるのかを調べました。２０１４年3月10～12日の期間、授業前または放課後に、同じ高校に通う1年生女子生徒44名を対象に調査しました。

参加者は、①逆模倣条件（実験者は、参加者と同じ動きを模倣する）または、②非模倣条件（実験者は、参加者とは異なる動きをする）のいずれかに参加しました。実験者と参加者は互いに面識がありませんでした。また、実験者と参加者を同性にして、性別によって印象が変わらないようにしました。まず、実験者と参加者が向かい合って座りました。実験者は、参加者に日常生活と部活動について15題ほど質問をしました。これらの質問は、参加者が実験者に抱く印象に影響を与えないよう、当り障りのないような内容でした。このとき実験者は条件に応じて、参加者に気づかれないように模倣、または非模倣をおこないました。

この後、参加者は実験者の印象を評定するための質問紙に回答しました。印象を測るものさし（尺度）は、先行研究[3]で使われた、「親しみやすい」「感じのよい」などの13項目を和訳して使いました。これらは、「気が合いそう」「頭が良さそう」「真面目そう」という3種類の印象を調べるもので、それぞれの印象にあたる項目の平均値を算出して、三つの印象得点を求めました。

また私たちは、逆模倣の効果以外にも他者の印象形成に影響を与えるものとして、参加者の性質にも注目しました。とくに自分自身や他人の感情・情動に敏感で、察知する能力（情動コンピテンス）が高い人は、初対面の場面でもその人の気持ちを察しようとして注意をより深く払うと考えられます。その効果の強さを逆模倣の効果と区別して検討できるように、参加者には、情動コンピテンスを調べるための質問紙[6]にも答えてもらいました。この質問紙には「誰かが本当の気持ちを隠そうとしていても、それに気づく」などの項目がありまし

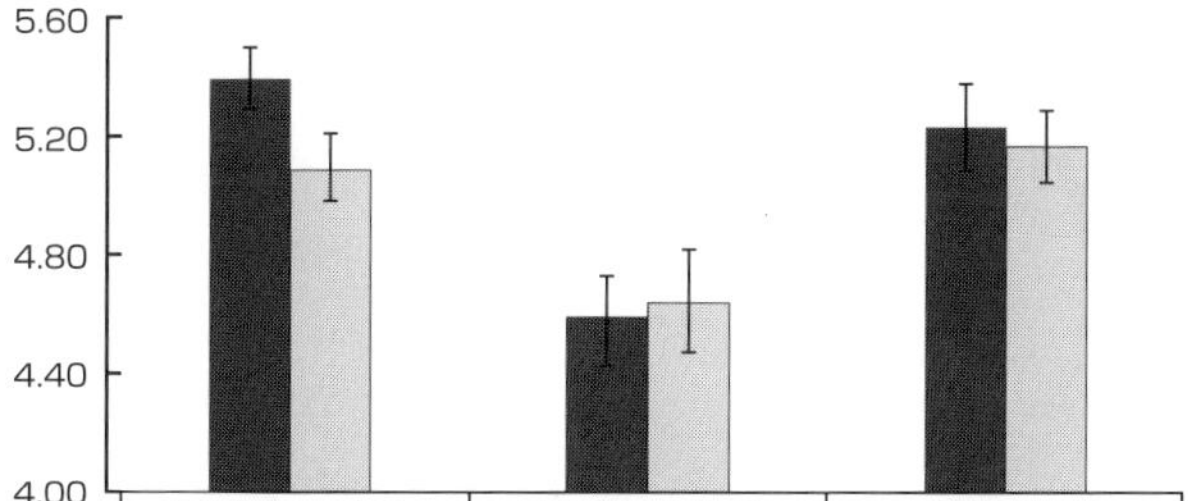

	気が合いそう	頭が良さそう	真面目そう
■ 逆模倣	5.40	4.59	5.25
■ 非模倣	5.10	4.66	5.17

※エラーバーは95%信頼区間を表す

図9-6　実験条件別の印象得点の平均

た。これらの項目の平均値を求めて、情動コンピテンス得点としました。どの質問紙も「非常によくあてはまる」から「まったくあてはまらない」までの6段階で答えてもらいました。質問紙回答後、参加者は、自分の行動が実験者に模倣されていたことに気づいたかどうかを確認されました。気づいたと回答した参加者は、分析対象から外しました。

分析の結果、どの印象得点についても、逆模倣群と非模倣群の平均点に確かな差はありませんでした（図9-6）。これは、平均点には確かに違いがありますが、それはあくまで誤差であり、今回は設定した実験条件による効果が見られなかったことを意味します。

次に、実験以外の効果、つまり情動コンピテンスの効果が効いたことで、実験の効果がなくなった可能性を調べるために、専門的な統計解析の手法（重回帰分析）を使って、情動コンピテンスの効果を除いたときの、実験の効果の有無を確かめました。その結果、「気が合いそう」という印象には実験の効果があったことがわかりました（図9-7）。これは、参加者の情動コンピテンスがみな同じくらいであったとすると、逆模倣群の参加者のほうが実験者に「気が合いそう」という印象を強く抱く傾向にあったことを示します。

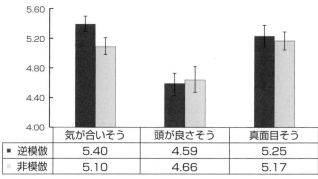

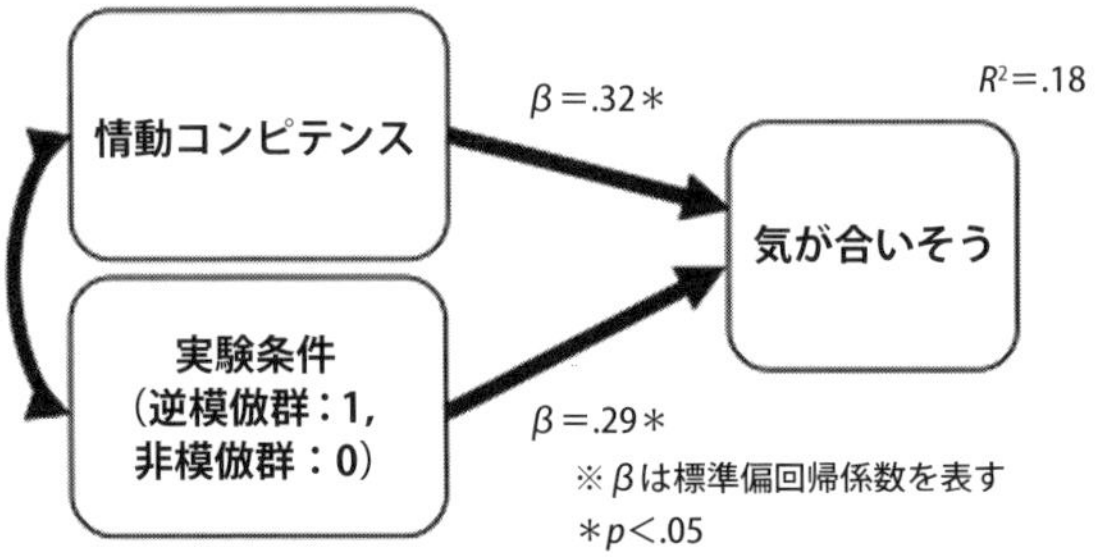

図 9-7　重回帰分析結果

考察

私たちは、動物園と高校での調査を通して、ヒト以外の霊長類でも、他個体から模倣されるとその個体に注意を長く向け、接近行動を示す可能性を示しました。ただし、この結果はゴリラのゲンタロウでのみ確認されたことで、他のゴリラやチンパンジーではヒトに注意を向け続けることがそもそもありませんでした。

その理由の一つとして、ゲンタロウの育てられ方が挙げられます。彼は1歳まで人工哺育で過ごしました。現在は、母親ゲンキ、父親モモタロウと同じケージ内で暮らしていますが、生まれたときから母親に育てられたチンパンジーのニイニと比べると、ヒトへの興味が強いようでした。個体の性格や年齢の違いだけでなく、特に生後早期にヒトに哺育された経験は、ヒト以外の霊長類における、ヒトへの注意の向きやすさ、関心の高さに影響したかもしれません。

また、高校生を対象とした調査結果から、先行研究と同様、模倣する他者によい印象を抱くことがわかりました。興味深いのは、自分や他者の感情への敏感さの影響を除くとその効果が現れたことです。先行研究では、参加者が実験者の逆模倣に気づくと、相手には好意を抱かなくなります。このことからも、他者の感情状態に特に注意を向けていなくとも、他者が同じタイミングで同じような行動をすることで，その人に好意を抱くと考えられます。

それではなぜ，他者が同じ行動をすることで，その人に対して好意を抱くのでしょうか。その理由はまだわかっていません。模倣能力については，霊長類の比較研究から，チンパンジーによる模倣が観察されていますが，チンパンジーは道具使用のような目標志向性の高い模倣はできても，目標志向性の低い行為の模倣や身体の動きの模倣は難しいと言われています。ヒトの模倣には，物の使い方の学習を促すはたらきだけでなく，他者となんらかの表象を共有するというはたらきもあるのかもしれません。他者との表象の共有とそのことの認識がどのように進化してきたのかを明らかにすることがこれからの大きな課題だと考えます。

4　総合考察

膳所高校班は，各学年がそれぞれに問題を設定し，異なる実験をおこないました。しかし，どの学年も「私たちは他者のことをどのように感じているのだろうか」という同じ問いをもっていました。そして，これらの問いについてすべての調査を通して考えたことは，次の二つです。

ひとつめは，他者に対する印象は意識せずとも変化しうるということです。2年生による逆模倣調査②で，先行研究と同様に模倣者に好ましい印象を抱くという結果を得ました（162頁参照）。今回，1年生による高校生調査では追試できませんでしたが，身体と室温の相対的温度差によって他者への印象が変わるという報告もあります。ヒトが他者に抱く印象や感情は，私たちの予想以上に気づかないうちに，無意識的に変化するようです。私たちは，ことばを使って自分の感情や思考を表現しますが，その背景には，自分と他者の身体の状態をモニターして自分の心の状態と関連づけるようなシステムがはたらいているのでしょう。

ふたつめは，ヒト以外の動物にも共通した心のはたらきがあるかどうかを調べるための方法を考え実施することは、とても難しいということです。私たちは普段からヒト以外の霊長類と関わる機会がほとんどなく、調査内容や実験道具などに安全性に関する知識もありませんでした。しかし京都大学野生動物研究センターの田中正之先生をはじめ京都市動物園の多くの職員の皆様のご協力を得て、調査を実施できました。

そのような課題点も含めて、研究発表のときには、松沢哲郎先生より「Go for Action《ゴー・フォー・アクション》」というコメントをいただきました。ヒト以外の霊長類の生態、さらには彼らの心のはたらきを調べるためには、自分で動いてやってみるということがとても重要です。今回、うまくいかないこともありましたが、動物たちを目の前にして調査できたことは、貴重な経験でした。今後の活動、学校の研究課題や大学の研究にこの経験を生かしたいと思います。

……メンターの振り返り

◆田中友香理・斎藤有吾・吉田千里（京都大学大学院教育学研究科　＊初版刊行時）

膳所高校研究チームに与えられたテーマは「他の動物とは異なる人間らしい心のはたらきとは何か?」でした。そして参加してくれた8名は、素晴らしいポスター発表、口頭発表、論文作成をしてくれました。ここでは、膳所高校班の生徒たちの活動に対して、私たち伴走者がどのような意図をもって関わり、どのような感想をもったのかを振り返ります。

私たちの扱ったテーマは「人間らしい心のはたらき」に焦点を当てるものですが、それは人間だけに注目していても明らかにすることはできません。それが人間らしいものであるというためには、それが他の動物にはない、あるいは異なったはたらきをするということを調べて明らかにしなければなりません。つまりこのテーマで研究するためには、どのような心のはたらきに注目するにせよ、人間と他の動物とを比較して検討する必要がありました。

このような壮大なテーマの研究をするお手伝いとして、京都大学大学院教育学研究科の明和政子教授のほか、発達科学・発達心理学を専門とする研究員、大学院生がそれぞれ一名ずつ、そして教育測定学を専門とする大学院生一名が伴走者として関わりました。

最初の打ち合わせの際、明和教授から、高校生にもわかりやすい言葉で、本テーマに関する主旨説明がおこなわれました。また、ご自身が積み重ねてこられた、ヒトの赤ちゃんとチンパンジーの赤ちゃんを比較する研究から見えてきた、人間らしい心、それが育つために必要な環境など、最先端の研究成果も交えた研究発表がおこなわれました。集まった高校生たちはこの研究発表にかなり刺激をうけたようでした。実際、そのあとにおこなわれた、生徒たちと伴走者が「人間らしい心のはたらき」に関して話しあう場では、数多くのアイディアが出てきました。高校生の多様な視点や発想に、伴走者一同がとても刺激を受けました。

ただし、前述したように本テーマでは、ある心のはたらきに関して、人間とそれ以外の動物との比較が重要となります。また、比較するといっても、「その違いはたまたまうまれたものじゃないのか」「調査した者の思い込みではないのか」など、さまざまな指摘にこたえるための妥当なプロセスをふむ必要がありました。生徒たちはたくさんの面白いアイディアを出してくれたのですが、人間以外の動物を対象とした動物園での調査の実施には物理的な制約もたくさんありました。かといって、伴走者から実行可能性のある研究計画を先に提示し、すべてを指揮してしまっては、高校生が主体となっているとはいえず、彼らの今後の自分自身の探究に息づくような、意味のある経験になりづらいだろう、と考えておりました。

膳所高校班の伴走者の最大の課題はそこにあったと言えます。研究を実際におこなっていく際に生じる困難に対してサポートすることはもちろんですが，それ以上に，高校生のみずみずしい多様な興味や視点を最大限に尊重しつつ，実行可能性を先読みしながら研究の「枠」をはみ出さないように誘導する，という役回りを果たす必要がありました。その微妙なバランスにとても苦心したことを覚えています。膳所高校に訪問し打ち合わせをするだけでは時間が足りず，電子メールやスカイプなども利用して研究計画を共に考えていきました。

こうした背景もあってか，研究計画が決まるのは他の高校に比べ少し遅かったです。しかし，生徒たちの調査の遂行力は凄まじく，膳所高校生を対象にした調査も，京都市動物園の類人猿舎での調査も，定期テストの勉強などの合間を縫いながら，精力的に挑んでくれました。特に京都市動物園の調査では，体の大きなゴリラや動きの素早いチンパンジーに臆することなく，体を張って貴重なデータをたくさん収集してくれました。そのときの映像を見返すと，生徒たちの「自分たちが立てた仮説を自分たちで検討し，なにか新しいことを明らかにしたい」という活き活きとした行動や表情がみてとれます。時間はかかったものの生徒たちの興味が色濃く反映された研究計画を組むお手伝いができてよかったと考えます。

調査が終わり，大会直前となると，週に2～3回，伴走者が膳所高校に出向くか，スカイプを利用するなどして，結果をどのようにまとめるのか，それらをどのように考察するのか，ポスター発表と口頭発表でそれぞれどこに焦点をあてて発表をするのかなどを話し合いました。ここでもやはり，分析や考察などを伴走者で一方的に進めるのではなく，生徒たちに分析の流れを追ってもらいながら，あるいは実際にやってもらいながら，そこから明らかになったことを一緒に考察してもらいました。かなり高度で専門的な知識が必要なところもあったので難しかったとは思いますが，生徒たちは分析結果から「何が明らかになったのか」「今回の結果からいえること，いえないこと」などを考えて，自力でまとめてくれました。

発表の際、他の研究者からの専門的な質問に、伴走者の力を借りることなく堂々とこたえていたのも、そのような作業を頑張ってくれたからだと思います。

今回の研究では新たに明らかになった成果とともに、多くの課題や反省点が見出されました。しかし、それら一切に無駄なことはなかったと私たちは考えています。自分たちの興味から生じた問いを自分たちの頭と足を使いながら自分たちで探究するプロセスを踏んだからこそ、成果や課題すべてが、生きた経験として彼らに蓄積されているのではないか、と期待しています。大会終了後、生徒たちから、今回の経験を活かせば、膳所高校で取り組んでいる課題研究をより良いものにできる、その自信がついた、というコメントをいただきました。もし本当に、今後の生徒たちそれぞれの探究を深めていくきっかけになるような活動に私達が寄与できたのであれば、日々研究に携わるものとして、これ程嬉しいことはありません。

編者おわりに

過日、私を研究の世界へいざなってくださった恩師の退官記念行事に出席させていただきました。恩師の最終講義を聴きながら、研究者を志したときのことを鮮やかに思い出しました。今も当時と変わらない情熱をもちつつ研究に励んでいると言いたいのですが、ともすれば日常の雑事に終われ、気がついたら終日メールの処理に追われていたなんてことが良くあります。そんな忙しい日々のなかでも、何とか時間をやりくりして細々とでも研究を続けていけるのは、やはり研究という営みが好きだからなのでしょうか。

「編者まえがき」にも紹介されていますが、本書は、日本心理学会と発達心理学会の連携によって実現しました。日本心理学会が、主催している高校生講座が京都大学で開催され、そこで講義をされた先生方がトピックをまとめたもの、また、京都で開催された日本発達心理学会25回大会で新たな試みとして、高校生の心理学に関連する研究発表とそれにまつわるエピソードをまとめたものが一緒になって1冊の書籍になりました。

日本心理学会の主催により京都で開催された高校生講座は、年末にかかわらずたくさんの参加があり、大盛況でした。各担当の先生方の講義も秀逸で、参加した多くの高校生が知的好奇心を大いに揺さぶられたのではないかと確信しています。

一方発達心理学会に関しては、私はたまたま第25回大会の大会委員長の任を仰せつかり、何か新機軸を打ち出したいと、京都大学霊長類研究所の松沢哲郎先生にアドバイスをいただきながら企画を練りました。それが、高校生による心理学研究だったのです。初めての取り組みとして、高校生にも参加していただき、ここで心理学に関する口頭発表とポスター発表を行ってもらうことを趣旨としました。ただし高校には心理学の授業はありませんので、私たちはまず、高校生に心理学というものを知ってほしいというところから出発しました。

京都大学近隣で、お世話になっている高校をあらかじめ選ばせていただきました。膳所高校、北野高校、洛北高校、堀川高校の4校でした。それぞれの高校に大会本部サイドから対応教員と大学院生を配置し、コンタクトを取らせていただきました。目標は学会開始前1ヶ月までに、参加する高校生の関心のある事柄を自分たちなりに考えて研究を遂行するというものでした。そのサポートは大学院生に託されました。私が担当したのは堀川高校で、担当の大学院生と一緒に校長先生やご担当の先生にお願いに行きました。その時は、参加希望の高校生がおひとりと、校長先生およびご担当の先生と面談をさせていただきました。企画趣旨を説明すると、すぐに快諾をいただきました。

私たちはまず「心とは何か」という討論に入りました。「心」には一応の辞書的な定義はあるとはいえ、これはなかなか難しい作業です。そのとき、参加してくれた高校生の発言に、私は率直に驚きました。「じゃあ、まず、ここから考えてみませんか？　漢字には、心を部首にもつものがたくさんありますよね。そうした漢字の意味を調べていけば、心について何か知ることができるのではないでしょうか」。なるほど、これは、ナイーブ心理学（naeve psychology）とか、フォーク心理学（folk psychology）と呼ばれるものと関連するかもしれません。こうした鋭い考えかたは、この企画に反映されるだろうのではないだろうかと、私は期待を抱きました。実際の研究報告は、この本に記載されている通りで、ここでは詳細は述べませんが、その成果は本書の第Ⅱ部に集約されています。

心を探求する方法は実に多様です。多様な方法によって多様な心に迫ることができます。もしかしたら、心を探求するということは、人間を探求するということに他ならないのかもしれません。高校生を対象にしたこのような取り組みは日本発達心理学会第26回大会にも引き継がれたようです。私たちの蒔いた種が少しずつ実を結んでくれることを強く願っています。そして、参加してくれた高校生のなかから心理学を専攻する方が出てくれればそれは私にとって望外の喜びです。

２０１５年６月

編者　板倉昭二・内田伸子

文　献

第1章

（1） Abravanel, E., & Sigafoos, A. D. (1984) Exploring the presence of imitation during early infancy. *Child Development*, **55**, 381–392.

（2） Amodio, D. M., & Frith, C. D. (2006) Meeting of minds: The medial frontal cortex & social cognition. *Nature Reviews Neuroscience*, **7**, 268–277.

（3） Anisfeld, M., Turkewitz, G., Rose, S. A., Rosenberg, F. R., Sheiber, F. J., Couturier-Fagan, D. A., Ger, J. S., & Sommer, I. (2001) No compelling evidence that newborns imitate oral gestures. *Infancy*, **2**, 111–122.

（4） 安西祐一郎・今井むつみ・入來篤史・梅田聡・片山容一・亀田達也・開一夫・山岸俊男編『岩波講座　コミュニケーションの認知科学3　母性と社会性の起源』岩波書店、二〇一四年。

（5） Batki, A., Baron-Cohen, S., Wheelwright, S., Connellan, J., & Ahluwalia, J. (2000) Is there an innate module? Evidence from human neonates. *Infant Behavior & Development*, **23**, 223–229.

（6） Blakemore, S.-J. (2008) The social brain in adolescence. *Nature Reviews Neuroscience*, **9**, 267–277.

（7） Brass, M., Ruby, P., & Spengler, S. (2009) Inhibition of imitative behaviour and social cognition. *Philosophical Transactions of the Royal Society B*, **364**(1528), 2359–2367.

（8） Butterworth, G., & Hopkins, B. (1988) Hand-mouth coordination in the new-born baby. *British Journal of Developmental Psychology*, **6**, 303–314.

（9） Ferrari, P. F., Visalberghi, E., Paukner, A., Fogassi, L., Ruggiero, A., & Suomi, S. J. (2006) Neonatal imitation in rhesus macaques. *PLoS Biology*, **4**, 1501–1508.

（10） Fontaine, R. (1984) Imitative skills between birth & six months. *Infant behavior and Development*, **7**, 323–333.

（11） Frith, C. D., & Frith, U. (2006) The neural basis of mentalizing. *Neuron*, **50**, 531–534.

（12） 藤田和生『比較認知科学への招待――「こころ」の進化学』ナカニシヤ出版、一九九八年。

(13) Gergely, G., Bekkering, H., & Király, I. (2002) Rational imitation in preverbal infants. *Nature*, **415**(6873), 755.

(14) ゴメス、J・C『霊長類のこころ——適応戦略としての認知発達と進化』長谷川眞理子訳、新曜社、二〇〇五年。

(15) 長谷川寿一・長谷川眞理子『進化と人間行動』東京大学出版会、二〇〇〇年。

(16) 乾　敏郎『脳科学からみる子どもの心の育ち——認知発達のルーツをさぐる』ミネルヴァ書房、二〇一三年。

(17) Johnson, M. H., Dziurawiec, S., Ellis, H., & Morton, J. (1991) Newborns, preferential tracking of face-like stimuli and its subsequent decline. *Cognition*, **40**, 1–19.

(18) Jones, S. S. (2006) Exploration or imitation? The effect of music on 4-week-old infants' tongue protrusions. *Infant Behavior and Development*, **29**, 126–130.

(19) Jones, S. S. (2009) The development of imitation in infancy. *Philosophical Transactions of the Royal Society B*, **364** (1528), 2325–2335.

(20) Koepke, J. E., Hamm, M., Legerstee, M., & Russell, M. (1983) Neonatal imitation: Two failures to replicate. *Infant Behavior and Development*, **6**, 97–102.

(21) 松沢哲郎『チンパンジーから見た世界』東京大学出版会、二〇〇八年。

(22) 松沢哲郎『想像するちから——チンパンジーが教えてくれた人間の心』岩波書店、二〇一一年。

(23) McKenzie, B., & Over, R. (1983) Young infants fail to imitate facial & manual gestures. *Infant Behavior and Development*, **6**, 85–95.

(24) Meltzoff, A. N., & Moore, M. K. (1977) Imitation of facial & manual gestures by human neonates. *Science*, **198**(4312), 75–78.

(25) Meltzoff, A. N., & Moore, M. K. (1983) The origins of imitation in infancy: Paradigm, phenomena, and theories. *Advances in Infancy Research*, **2**, 265–301.

(26) 明和政子『なぜ「まね」をするのか』河出書房新社、二〇〇四年。

(27) 明和政子『心が芽ばえるとき——コミュニケーションの誕生と進化』NTT出版、二〇〇六年。

(28) 明和政子『まねが育むヒトの心』岩波書店、二〇一二年。

(29) Myowa-Yamakoshi, M., & Matsuzawa, T. (1999) Factors influencing imitation of manipulatory actions in chimpanzees (*Pan troglodytes*). *Journal of Comparative Psychology*, **113**, 128–136.

(30) Myowa-Yamakoshi, M., & Matsuzawa, T. (2000) Imitation of intentional manipulatory actions in chimpanzees (*Pan*

troglodytes). *Journal of Comparative Psychology*, **114**, 381–391.

(31) Myowa-Yamakoshi, M., Scola, C., & Hirata, S. (2012) Humans and chimpanzees attend differently to goal-directed actions. *Nature Communications*, **3**, 693. doi : 10.1038/ncomms 1695.

(32) Myowa-Yamakoshi, M., & Takeshita, H. (2006) Do human fetuses anticipate self-oriented actions? A study by four-dimensional (4D) ultrasonography. *Infancy*, **10**, 289–301.

(33) Myowa-Yamakoshi, M., Tomonaga, M., Tanaka, M., & Matsuzawa, T. (2004) Imitation in neonatal chimpanzees (*Pan troglodytes*). *Developmental Science*, **7**, 437–442.

(34) Ray, E., & Heyes, C. (2011) Imitation in infancy: The wealth of the stimulus. *Developmental Science*, **14**, 92–105.

(35) Simion, F., Regolin, L., & Bulf, H. (2008) A predisposition for biological motion in the newborn baby. *Proceedings of the National Academy of Science*, **105**, 809–813.

(36) 竹下秀子『心とことばの初期発達——霊長類の比較行動発達学』東京大学出版会、一九九九年。

(37) 田野尻七生「一歳台後半における教示行動の発達と特性」滋賀県立大人間文化部学部修士論文、二〇〇八年。

第2章

(1) Geraci, A., Surian, L. (2011) The developmental roots of fairness: Infants, reactions to equal and unequal distribution of resources. *Developmental Science*, **14**, 1012–1020.

(2) Hamlin, K., & Wynn, K. (2011) Young infants prefer prosocial to antisocial others. *Cognitive Development*, **26**, 30–39.

(3) Hamlin, K., Wynn, K., & Bloom, P. (2007) Social evaluation at preverbal infants. *Nature*, **450**, 557–559.

(4) Hamlin, K., Wynn, K., & Bloom, P. (2010) Three-month-olds show a negativity bias in their social evaluations. *Developmental Sciences*, **13**, 923–929.

(5) Henderson, A. M. E., & Woodward, A. L. (2011) Let・s work together: What do infants understand about collaborative goal?, *Cognition*, **121**, 12–21.

(6) 鹿子木康弘「他者理解における個体発生のプロセスおよびそのメカニズム——知覚と行為の関連から」京都大学博士論文、二〇一一年。

(7) Kanakogi, Y., Okumura, Y., Inoue, Y., Kitazaki, M., & Itakura, S. (2012) Rudimentary Sympathy in Preverbal Infants:

Preference for Others in Distress. *PLoS ONE*, **8**(6):e65292.

（8） Kuhlmeier, V., Wynn, K., & Bloom, P. (2003) Attribution of dispositional states by 12-month-olds. *Psychological Science*, **14**, 402-408.

（9） Merist, M., & Surian, L. (2014) Infants distinguish antisocial actions directed towards fair and unfair agents. *PLoS ONE*, **9**, el110553.

（10） Premack, D., & Premack, A. (1997) Infants attribute value ± to the goal-directed actions of self-propelled objects. *Journal of Cognitive Neuroscience*, **9**, 848-856.

（11） Sloan, S., Baillargeon R., & Premack, D. (2012) Do infants have a sense of fairness? *Psychological Science*, **23**, 196-204.

（12） Vaish, A., Carpenter, M., & Tomasello, M. (2009) Sympathy through affective perspective taking and its relation to prosocial behavior in toddlers. *Developmental Psychology*, 45, 534-543.

（13） Warneken, F., Hare, B., Melis, A. P., Hanus, D., & Tomasello, M. (2007) Spontaneous altruism by chimpanzees and young children. *PLoS Biology*, **5**, 1414-1420.

（14） Warneken, F., & Tomasello, M. (2006) Altruistic helping in human infants and young chimpanzees. *Science*, **311**, 1301-1303.

（15） Warneken, F., & Tomasello, M. (2008) Extrinsic rewards undermine altruistic tendencies in 20-month-olds. *Developmental Psychology*, **44**, 1785-1788.

（16） Warneken, F., & Tomasello, M. (2009) The roots of human altruism. *British Journal of Developmental Psychology*, **100**, 455-471.

（17） Warneken, F., & Tomasello, M. (2013) Parental presence and encouragement do not influence helping in young children. *Infancy*, **18**, 345-368.

第3章

（1） 青木みのり「二重拘束的コミュニケーションが情報処理および情動に与える影響」『教育心理学研究』四一号、一九九三年、三一一-三一九頁。

（2） Bartlett, F. C. (1932) *Remembering: A study in experimental and social psychology*. Cambridge: Cambridge University

Press.〔宇都木保・辻正三訳『想起の心理学―実験社会的心理学における一研究』誠信書房、一九八三年〕
（3） Clancy, P. M. (1982) Written and spoken style in Japanese narratives. In D. Tannen, (Ed.) , *Exploring Orality and Literacy*. ABLEX Publishing Corporation.
（4） Grice, H. P. (1975) Logic and conversation. In P. Cole, & J. L. Morgan (Eds.) , *Syntax and Semantics. Vol. 13.* Speech Acts, New York: Academic Press.
（5） 浜田寿美男『証言台の子どもたち――甲山事件園児供述の構造』日本評論社、一九八六年。
（6） ヘッブ、D・O『行動学入門――生物科学としての心理学〈第三版〉』白井常他訳、紀伊國屋書店、一九七五年。
（7） 加用文男「ごっこ遊びの矛盾に関する研究」『心理科学』、一四巻(一)、一九九二年
（8） 松山巌『うわさの遠近法』青土社、一九九一年。
（9） 仲真紀子「目撃証言の信頼性に関わる要因――シミュレーション実験によるアプローチ―」『基礎心理学研究』一六巻、一九八九年、一〇〇-一〇六頁。
（10） Neiser, U. (1981) John Dean's memory: A case study. *Cognition*, **9**, 1-22.
（11） 大橋靖史「甲山事件の供述の鑑定について」日弁連刑事弁護センター『甲山裁判の目撃証言と取調べ――刑事弁護と心理学の対話』一九八九年、六〇-六八頁。
（12） Spiro, R. J. (1980) Accommodative reconstruction in prose recall. *Journal of Verbal Learning and Verbal Behavior*, **19**, 84-95.
（13） 内田伸子「幼児における事象の因果的統合と産出」『教育心理学研究』三三巻、一九八五年、一二四-一三四頁。
（14） 内田伸子『ごっこからファンタジーへ――子どもの想像世界―』新曜社、一九八六年。
（15） 内田伸子『想像力の発達――創造的想像のメカニズム』サイエンス社、一九九〇年。
（16） 内田伸子「子どもは感情表出を制御できるか――幼児期における展示ルール（display rule）の発達」『「感情の基礎メカニズムの検討」平成二・三年度科学研究費補助金（一般B）研究成果報告書』一九九二年、六-二五頁。
（17） 内田伸子『想像力――創造の泉をさぐる』講談社、一九九四年。
（18） 内田伸子『子どものディスコースの発達――物語産出の基礎過程』風間書房、一九九六年。
（19） 内田伸子『発達心理学――ことばの獲得と教育』岩波書店、一九九九年。
（20） 内田伸子『子育てに「もう遅い」はありません』冨山房インターナショナル、二〇一四年。
（21） 山本登志哉・斎藤憲一郎・高岡昌子・脇中　洋「生み出された物語――幼児と大人の共同想起実験から」発達、69巻、

一九九七年、四一–六五頁。

第4章

（1）広田すみれ・増田真也・坂上貴之『心理学が描くリスクの世界――行動的意思決定入門（改訂版）』慶応義塾大学出版会、二〇〇六年。
（2）カーネマン、D『ファスト&スロー（上・下）あなたの意思はどのように決まるか？』早川書房、二〇一二–二〇一四年。
（3）楠見 孝「心理学と批判的思考」楠見 孝・道田泰司編『ワードマップ 批判的思考――二一世紀を生きぬくリテラシーの基盤』新曜社、二〇一五年。
（4）楠見 孝・子安増生・道田泰司編『批判的思考力を育む――学士力と社会人基礎力の基盤形成』有斐閣、二〇一一年。
（5）道田泰司「批判的思考――よりよい思考を求めて」森 敏昭・21世紀の認知心理学を創る会『認知心理学を語る〈3〉 おもしろ思考のラボラトリー』北大路書房、二〇〇一年、九九–一二〇頁。
（6）道田泰司『最強のクリティカルシンキング・マップ――あなたに合った考え方を見つけよう』日本経済新聞出版社、二〇一二年。
（7）繁桝算男『後悔しない意思決定』（岩波科学ライブラリー一二九）岩波書店、二〇〇七年。
（8）シュワルツ、B『なぜ選ぶたびに後悔するのか――オプション過剰時代の賢い選択術』武田ランダムハウスジャパン、二〇一二年。

第5章

（1）エクマン、P『顔は口ほどに嘘をつく』河出書房新社、二〇〇六年。
（2）エクマン、P『子どもはなぜ嘘をつくのか』河出書房新社、二〇〇九年。
（3）カーネマン、D『ファスト&スロー（上・下）あなたの意思はどのように決まるか？』早川書房、二〇一二–二〇一四年。
（4）河合隼雄『コンプレックス』岩波新書、一九七一年。
（5）Ohman, A., Landqvist, D., & Esteves, F. (2001) The face in the crowd revisited: A threat advantage with schematic stimuli. *Journal of Personality and Social Psychology*, **80**, 381-396.

第6章

(1) Akers, K. G., Martinez-Canabal, A., Restivo, L., Yiu, A. P., De Cristofaro, A., Hsiang, H-L., Wheeler, A. L., Guskjolen, A., Niibori, Y., Shoji, H., Ohira, K., Richards, B. A., Miyakawa, T., Josselyn, S. A., & Frankland, P. W. (2014) Hippocampal neurogenesis regulates forgetting during adulthood and infancy. *Science*, **344**, 598–602.

(2) Baron-Cohen, S., Leslie, A. M., & Frith, U. (1985) Does the autistic child have a "theory of mind"?. *Cognition*, **21**(1), 37–46.

(3) Bertenthal, B. I., Proffitt, D. R., & Cutting, J. E. (1984) Infant sensitivity to figural coherence in biomechanical motions. *Journal of Experimental Child Psychology*, **37**, 213–230.

(4) Bhatt, R. S., Bertin, E., Hayden, A., & Reed, A. (2005) Face processing in infancy: Developmental changes in the use of different kinds of relational information. *Child Development*, **76**(1), 169–181.

(5) Brazelton, T. B. (1978) The Remarkable Talents of the Newborn. *Birth*, **5**, 187–191.

(6) Bridges, K. M. B. (1932) Emotional development in early infancy. *Child Development*, **3**, 324–341.

(7) Butterfield, E. C., & Siperstein, G. N. (1972) Influence of contingent anditory stimulation upon non-nutritional suckle. In Third symposium on oral sensation and perception: The mouth of the infant, pp. 313–314. Springfield, IL: Charles, C. Thomas.

(8) Casper, A. J., & Fifer, W. P. (1980) Of human bonding: Newborns prefer their mothers・ voices. *Sicence*, **208**, 1174–1176.

(9) DeCasper, A. J., & Prescott, P. A. (1984) Human newborns・ perception of male voices: Preference, discrimination, and reinforcing value. *Developmental Psychobiology*, **17**, 481–491.

(10) DeCasper, A. J., & Spence, M. J. (1986) Prenatal maternal speech influences newborns・ perception of speech sounds. *Infant Behavior and Development*, **9**, 133–150.

(11) Farroni, T., Johnson, M. H., Menon, E., Zulian, L., Faraguna, D., & Csibra, G. (2005) Newborns・ preference for face-relevant stimuli: Effects of contrast polarity. *Proceedings of the National Academy of Sciences of the United States of America*, **102**(47), 17245–17250.

(12) Fitzgerald, M. (1991) Development of pain mechanism. *British Medical Bulletin*, **47**(3), 667–675.

(13) Gergely, G., Nádasdy, Z., Csibra, G., & Biro, S. (1995) Taking the intentional stance at 12 months of age. *Cognition*, **56**

(2), 165–193.
(14) Happé, F. G. (1995) The role of age and verbal ability in the theory of mind task performance of subjects with autism. *Child development*, **66**(3), 843–855.
(15) Hopson, J. L. (1998) Fetal psychology. *Psychology Today*, **Sep/Oct**, 1–5.
(16) 板倉昭二「〈心〉を理解する心——メンタライジングの発達」『物性研究』八八号（四）、二〇〇七年、五五二-五六三頁。
(17) Johnson, M. H., & Morton, J. (1991) *Biology and Cognitive Development: The case of face recognition.* Oxford: Blackwell.
(18) Kanakogi, Y., Okumura, Y., Inoue, Y., Kitazaki, M., & Itakura, S. (2013) Rudimentary sympathy in preverbal infants: Preference for others in distress. *PloS one*, **8**(6), e65292.
(19) Kenner, C., & Lubbe, W. (2007) Fetal stimulation: A preventative therapy. *Newborn & Infant Nursing Reviews*, **7**(4), 227–230.
(20) Kisilevsky, B. S., Hains, S. M. J., Lee, K., Xie, X., Huang, H., Ye, H. H., & Wang, Z. (2003) Effects of experience on fetal voice recognition. *American Psychological Society*, **14**, 220–224.
(21) MacFarlane, A. (1975) Olfaction in the development of social preferences in the human neonate. *Parent-infant interaction. Ciba Foundation Symposium*, 103–113. New York: Elsevier
(22) Meltzoff, A. N. (1995) Understanding the intentions of others: re-enactment of intended acts by 18-month-old children. *Developmental Psychology*, **31**(5), 838.
(23) Meltzoff, A. N. & Moore, M. K. (1977) Imitation of facial and manual gestures by human neonates, *Science*, **198**, 75–78.
(24) Mennella, J. A., Coren, P., Jagnow, M. S., & Beauchamp, G. K. (2001) Prenatal and Postnatal Flavor Learning by Human Infants. *Pediatrics*, **107**(6), 88–94.
(25) Miranda, S. B. (1976) Visual attention in defective and high-risk infants. *Merrill-Palmer Quarterly*, **22**, 201–228.
(26) Morita, T., Slaughter, V., Katayama, N., Kitazaki, M., Kakigi, R., & Itakura, S. (2012) Infant and adult perceptions of possible and impossible body movements: An eye-tracking study. *Journal of Experimental Child Psychology*, **113**(3), 401–414.
(27) Moses, L. J., Baldwin, D. A., Rosicky, J. G., & Tidball, G. (2001) Evidence for referential understanding in the emotions domain at twelve and eighteen months. *Child Development*, **72**(3), 718–735.
(28) Nolen-Hoeksema, S., Fredrickson, B. L., Loftus, G. R. & Lutz, C. (2014) *Atkinson & Hilgard's Introduction to Psychology*,

Cengage Learning EMEA, 73–75.

(29) Onishi, K. H., & Baillargeon, R. (2005) Do 15–month–old infants understand false beliefs?. *Science*, **308** (5719), 255–258.

(30) Sagi, A., & Hoffman, M. L. (1976) Empathic distress in the newborn. *Developmental Psychology*, **12** (2), 175.

(31) Sorce, J. F., Emde, R. N., Campos, J. J., & Klinnert, M. D. (1985). Maternal emotional signaling: Its effect on the visual cliff behavior of 1–year–olds. *Developmental Psychology*, **21** (1), 195.

(32) 常石秀市「感覚器の成長・発達」『バイオメカニズム学会誌』三二号（二）、二〇〇八年、六九‐七三頁。

(33) Walker–Andrews, A. S.& Dickson, L. R. (1997) Infants' understanding of affect. In, S. Hala (Ed) , *The Development of Social Cognition*, 161–186.

(34) Warneken, F., & Tomasello, M. (2006) Altruistic helping in human infants and young chimpanzees. *Science*, **311** (5765), 1301–1303.

(35) Warneken, F., & Tomasello, M. (2007) Helping and cooperation at 14 months of age. *Infancy*, **11** (3), 271–294.

第7章

(1) Adolph, R. (2003) Cognitive neuroscience of human social behavior. *Nature Reviews Neuroscience*, **4**, 165–178.

(2) Ishiguro, H., Minato, T., Yoshikawa, Y., & Asada, M. (2011) Humanoid platforms for cognitive developmental robots. *International Journal of Humanoid Robotics*, **8**, 391–418.

(3) 上出寛子・前泰志・川辺浩司・重見聡史・広瀬真人・新井健生「ヒューマノイドの一般的心理評価尺度の開発」第29回日本ロボット学会学術講演会、二〇一一年、1J3–4。

(4) 森政弘「不気味の谷」『Energy』七号、一九七〇年、三三‐三五頁。

(5) Nishio, S., Ishiguro, H., & Hagita, N. (2007) Geminoid: Teleoperated android of an existing person. In A.C.de Pina Filho (Ed), *Humanoid Robots: New developments*. I–Tech Education and Publishing, 343–352.

(6) Tomasello, M., Carpenter, M., Call, J., Behne, T., & Moll, H. (2005) Understanding and sharing intentions: The origins of cultural cognition. *Behavioral and Brain Sciences*, **28**, 675–691.

(7) Tronick, E. Z., Als, H., Adamson, L., Wise, S., & Brazelton, B. (1978) The infant・s response to entrapment between contradictory messages in face–to–face interaction. *Journal of the American Academy of Child Psychiatry*, **1**, 1–13.

第8章

（1） 安藤孝敏・長田久雄・児玉好信「孤独感尺度の作成と中高年における孤独感の関連要因」『横浜国立大学教育人間科学部紀要、Ⅲ社会科学』三号、二〇〇〇年、一九―二七頁。
（2） Goble, F. (1970) *The Third Force: The psychology of Abraham Maslow.* Richmond, CA: Maurice Bassett Publishing.〔ゴーブル・F『マズローの心理学』小口忠彦監訳、産能大出版部、一九七二年〕
（3） 伊藤裕子・相良順子・池田政子・川浦康至「主観的幸福感尺度の作成と信頼性・妥当性の検討」『心理学研究』七四号、二〇〇三年、二七六―二八一頁。
（4） 岡田 努「現代大学生の友人関係と自己像・友人像に関する考察」『教育心理学研究』四三号、一九九五年、三五四―三六三頁。
（5） 高倉 実「高校生の生活満足度尺度の試作」『琉球大学教育学部紀要 第一部・第二部』四七号、一九九五年、一一七―一二四頁。

第9章

（1） Asch, S. E. (1946) Forming impressions of personality. *The Journal of Abnormal and Social Psychology*, **41**(3), 258–290.
（2） Chartrand, T. L., & Bargh, J. A. (1999) The chameleon effect: The perception–behavior link and social interaction. *Journal of Personality and Social Psychology*, **76**(6), 1–18.
（3） Guadagno, R. E., & Cialdini, R. B. (2002) Online persuasion: Anexamination of gender differences in computer–mediated interpersonal influence. *Group Dynamics: Theory, Research, and Practice*, **6**, 38–51.
（4） Harlow, H. F. (1958) The nature of love. *American Psychologist*, **13**, 673–685.
（5） Haun, D., & Call, J. (2008) Imitation recognition in great apes. *Current Biology*, **18**(7), R288–R290.
（6） 豊田弘司・森田泰介・金敷大之・清水益治「日本版ＥＳＱＣ(Emotional Skills & Competence Questionnaire)の開発」『奈良教育大学紀要人文・社会科学』五四号、二〇〇五年、四三―四七頁。
（7） Williams, L. E., & Bargh, J. A. (2008) Experiencing physical warmth promotes interpersonal warmth. *Science*, **322**, 606–607.

索引

た行

な行

は行

■編者紹介

内田　伸子（うちだ　のぶこ）

1946年生まれ

1968年　お茶の水女子大学文教育学部卒業

1970年　お茶の水女子大学大学院人文科学研究科修了

現　在　環太平洋大学教授、お茶の水女子大学名誉教授、十文字学園女子大学名誉教授、福岡女学院大学大学院客員教授

主　著　『0歳からのエデュケア』2015年 冨山房インターナショナル、『世界の子育て――貧困は超えられるか』（共著）2012年 金子書房、『子どもは変わる・大人も変わる――虐待からの再生』2010年 お茶の水女子大学出版事業会

板倉　昭二（いたくら　しょうじ）

1959年生まれ

1983年　横浜国立大学教育学部卒業

1989年　京都大学大学院理学研究科霊長類学専攻博士課程修了

現　在　同志社大学研究開発推進機構専任フェロー（教授）

著　者　『発達科学の最前線』（編著）2014年 ミネルヴァ書房、『ロボットを通して子どもの心を探る――ディベロップメンタル・サイバネティクスの挑戦』（編著）2013年 ミネルヴァ書房、Itakura, S. & Fujita, K. (2008) *Origins of the social mind: Evolutionary and developmental view.* Springer.

■執筆者紹介

【編者はじめに】【編者おわりに】

内田　伸子（うちだ　のぶこ）

板倉　昭二（いたくら　しょうじ）

編者紹介参照

【第1章】

明和　政子（みょうわ　まさこ）

1970年生まれ

1999年　京都大学大学院教育学研究科博士課程修了

現　在　京都大学大学院教育学研究科教授

著　書　『〈岩波講座コミュニケーションの認知科学3〉母性と社会性の起源』（共著）2014年 岩波書店、『まねが育むヒトの心』2012年 岩波書店、『心が芽生えるとき――コミュニケーションの誕生と進化』2006年 NTT出版

【第2章】
板倉　昭二（いたくら　しょうじ）
編者紹介参照

【第3章】
内田　伸子（うちだ　のぶこ）
編者紹介参照

【第4章】
楠見　孝（くすみ　たかし）
1959年生まれ
1987年　学習院大学大学院人文科学研究科心理学専攻博士課程単位取得退学
現　在　京都大学大学院教育学研究科教授
著　書　『〈心理学叢書2〉なつかしさの心理学――思い出と感情』2014年 誠信書房、『科学リテラシーを育むサイエンス・コミュニケーション――学校と社会をつなぐ教育のデザイン』（共編著）2014年 北大路書房

【第5章】
吉川　左紀子（よしかわ　さきこ）
1954年生まれ
1982年　京都大学大学院教育学研究科博士課程認定退学
現　在　京都大学こころの未来研究センター特定教授
著　書　『こころ学への挑戦』（共編著）2016年 創元社、『よく分かる認知科学』（共編著）2010年 ミネルヴァ書房、『こころの謎 kokoro の未来』（分担執筆）2009年 京都大学学術出版会

【第6章】
朴　允姫（ぱく　ゆんひ）
現　在　韓国 義城安溪高等学校心理学教師

飯島　真応（いいじま　まお）

【第7章】
今福　理博（いまふく　まさひろ）
現　在　武蔵野大学教育学部講師
著　書　『赤ちゃんの心はどのように育つのか――社会性とことばの発達を科学する』2019年 ミネルヴァ書房、『子どもの発達の連続性を支える保育の心理学』（共著）2019年 教育情報出版、『ベーシック発達心理学』（共著）2018年 東京大学出版会

鹿子木　康弘（かなこぎ　やすひろ）
現　在　追手門学院大学心理学部准教授
著　書　『発達科学の最前線』（共著）2014年 ミネルヴァ書房

河合 祐司（かわい ゆうじ）
現　在　大阪大学先導的学際研究機構特任講師

前原 由喜夫（まえはら ゆきお）
現　在　長崎大学教育学部准教授
著　書　『心を読みすぎる——心の理論を支えるワーキングメモリの心理学』２０１４年　京都大学学術出版会

【第8章】

杉本 匡史（すぎもと まさし）
現　在　関西学院大学理工学部研究特別任期制助教
著　書　G・R・ファンデンボス『APA心理学大辞典』（分担訳）２０１３年　培風会

後藤 崇志（ごとう たかゆき）
現　在　滋賀県立大学人間文化学部講師
著　書　G・R・ファンデンボス『APA心理学大辞典』（分担訳）２０１３年　培風会

熊木 悠人（くまき ゆうと）
現　在　福岡教育大学教育学部助教

【第9章】

田中 友香理（たなか ゆかり）
現　在　京都大学大学院教育学研究科特定助教

斎藤 有吾（さいとう ゆうご）
現　在　新潟大学経営戦略本部教育戦略統括室准教授

吉田 千里（よしだ ちさと）
現　在　甲子園大学心理学部専任講師

心理学叢書《しんりがくそうしょ》
高校生《こうこうせい》のための心理学講座《しんりがくこうざ》――こころの不思議《ふしぎ》を解《と》き明《あ》かそう

2016年2月15日　第1刷発行
2019年4月30日　第2刷発行

監修者　日本心理学会
編者　内田伸子
　　　板倉昭二
発行者　柴田敏樹

発行所　株式会社　誠信書房
〒112-0012　東京都文京区大塚3-20-6
電話03（3946）5666
http://www.seishinshobo.co.jp/

印刷／中央印刷　製本／協栄製本
検印省略　落丁・乱丁本はお取り替えいたします
ISBN978-4-414-31115-0 C1311　Printed in Japan